무비 스님의 사경 시리즈 2

金剛般若波羅蜜經 寫經

무비 스님의
금강반야바라밀경 사경

구마라습鳩摩羅什 한역
무비 스님 한글 번역

담앤북스

사경집을 펴내며

필자는 일찍이 불교에 귀의하여 경학과 참선과 사경과 절과 기도와 염불 등을 골고루 실참實參하면서 무엇이 가장 효과적인 수행일까 하는 생각을 누누이 하여 왔습니다. 그러다가 여러 가지 상황으로 볼 때 사경수행寫經修行이 그 어떤 수행보다도 가장 효과가 뛰어나다는 것을 깨닫게 되었습니다.

그래서 오래전 부산 금정산 아래에 〈문수선원文殊禪院〉이라는 작은 공부방을 하나 마련하여 뜻을 같이하는 불자들과 〈사경수행도량寫經修行道場〉이라는 이름으로 여러 경전을 강의도 하고 아울러 많은 사경 교재를 만들어 사경寫經만 하는 특별반 및 사경 시간을 마련하여 정진하고 있습니다.

그리고 한편 〈사경수행공동체寫經修行共同體〉라는 이름으로 전국의 많은 불자들과 사경수행을 함께 하자는 생각을 하던 중에 마침 2008년 1월부터 전국의 스님 2백여 명이 강의를 들으러 오게 되어서 이 기회에 가장 이상적이고 친절한 사경 책을 여러 가지 준비하여 보급하게 되었습니다. 비록 어떤 조직체는 없으나 자연스럽게 그 많은 스님들의 손으로 사경 책이 전해지고 또 전해져서 그동안 1백만 권 이상이 보급되었으리라 생각합니다.

『금강경』에는 경전을 받아 지니고, 읽고, 외우고, 사경하는 공덕이 그 어떤 공덕보다 우수하다 하였고, 『법화경』에는 부처님을 대신하는 다섯 가지의 법사法師가 있으니 경전을 받아 지니고, 읽고, 외우고, 해설하고, 사경하는 일이라 하였습니다. 사경하는 일이 이와 같거늘 사경수행보다 우수한 공덕과 수행의 방법이 그 어디에 있겠습니까. 실로 불교의 수많은 수행 중에서 가장 위대한 수행이라 할 수 있을 것입니다.

새롭게 도약하는 사경수행운동이 전국으로 번져 나가서 인연을 함께하는 모든 분들이 자신이 앉은 그 자리에서 〈사경수행공동체〉의 일원이 되어 사경이 불법수행의 가장 바르고 가장 유익한 수행이라는 사실을 깨닫게 되어 열심히 정진하시기를 간절히 바랍니다.

경을 쓰는 이 공덕 수승하여라.

가없는 그 복덕 모두 회향하여

이 세상의 모든 사람 모든 생명들

무량광불 나라에서 행복하여지이다.

2021년 2월 19일

신라 화엄종찰 금정산 범어사

如天 無比 합장

사경 발원문

사경 시작한 날 :　　　　년　　　월　　　일

__________ 두손 모음

경을 쓰는 이 공덕 수승하여라.
가없는 그 복덕 모두 회향하여
이 세상의 모든 사람 모든 생명들
무량광불 나라에서 행복하여지이다.

金	剛	般	若	波	羅	蜜	經			
쇠 금	굳셀 강	일반 반	반야 야	물결 파(바)	그물 라	꿀 밀	글 경			

法	會	因	由	分		第	一			
법 법	모을 회	인할 인	말미암을 유	나눌 분		차례 제	한 일			
如	是	我	聞	하사오니	一	時	에	佛	이	在
같을 여	이 시	나 아	들을 문		한 일	때 시		부처 불		있을 재
舍	衛	國	祇	樹	給	孤	獨	園	하사	與
집 사	호위할 위	나라 국	토지의 신 기	나무 수	공급할 급	외로울 고	홀로 독	동산 원		더불 여
大	比	丘	衆	千	二	百	五	十	人	과
큰 대	견줄 비	언덕 구	무리 중	일천 천	두 이	일백 백	다섯 오	열 십	사람 인	
俱	러시니	爾	時	에	世	尊	이	食	時	에
함께 구		그 이	때 시		세상 세	높을 존		밥 식	때 시	

제1분 법회가 열린 인연

이와 같은 내용을 저는 들었습니다.

어느 날 부처님께서 사위국의 기수급고독원에서 일천이백오십 명의 큰스님들과 함께 계셨습니다.

그때 세존께서는 공양을 드실 때가 되었으므로

着	衣	持	鉢	하시고	入	舍	衛	大	城	하사
입을 착	옷 의	가질 지	바리때 발		들 입	집 사	호위할 위	큰 대	재 성	
乞	食	하실새	於	其	城	中	에	次	第	乞
빌 걸	밥 식		어조사 어	그 기	재 성	가운데 중		버금 차	차례 제	빌 걸
已	하시고	還	至	本	處	하사	飯	食	訖	하시고
이미 이		돌아올 환	이를 지	근본 본	곳 처		밥 반	먹이 사	이를 흘	
收	衣	鉢	하시고	洗	足	已	하시고	敷	座	而
거둘 수	옷 의	바리때 발		씻을 세	발 족	이미 이		펼 부	자리 좌	말이을 이
坐	하시다									
앉을 좌										

善	現	起	請	分		第	二			
잘할 선	나타날 현	일어날 기	청할 청	나눌 분		차례 제	두 이			

가사를 입으시고 발우를 들고 사위성에 들어가서 걸식하셨습니다.
그 성안에서 차례대로 걸식하여 마치시고 본 곳으로 돌아오셨습니다.
공양을 마치신 뒤 가사와 발우를 거두시고 발을 씻으신 다음 자리를 펴고 앉으셨습니다.

제2분 선현이 법을 청하다

時	에	長	老	須	菩	提	가	在	大	衆
때 **시**		어른 **장**	노인 **로**	모름지기 **수**	보리 **보**	끌 **제(리)**		있을 **재**	큰 **대**	무리 **중**
中	하시다가	卽	從	座	起	하사	偏	袒	右	肩
가운데 **중**		곧 **즉**	좇을 **종**	자리 **좌**	일어날 **기**		치우칠 **편**	웃통벗을 **단**	오른쪽 **우**	어깨 **견**
하시며	右	膝	着	地	하시고	合	掌	恭	敬	하사와
	오른쪽 **우**	무릎 **슬**	붙을 **착**	땅 **지**		합할 **합**	손바닥 **장**	공손할 **공**	공경할 **경**	
而	白	佛	言	하사대	希	有	世	尊	이시여	如
말이을 **이**	아뢸 **백**	부처 **불**	말씀 **언**		드물 **희**	있을 **유**	세상 **세**	높을 **존**		같을 **여**
來	가	善	護	念	諸	菩	薩	하시며	善	付
올 **래**		잘할 **선**	보호할 **호**	생각할 **념**	모두 **제**	보리 **보**	보살 **살**		잘할 **선**	줄 **부**
囑	諸	菩	薩	하시나니	世	尊	이시여	善	男	子
부탁할 **촉**	모두 **제**	보리 **보**	보살 **살**		세상 **세**	높을 **존**		착할 **선**	사내 **남**	아들 **자**
善	女	人	이	發	阿	耨	多	羅	三	藐
착할 **선**	여자 **여**	사람 **인**		발할 **발**	언덕 **아**	김맬 **누(뇩)**	많을 **다**	그물 **라**	석 **삼**	아득할 **막(먁)**

그때 덕이 높으신 수보리 존자가 대중 가운데 계시다가 곧 자리에서 일어났습니다.
옷차림을 바르게 정돈하고, 오른쪽 무릎을 땅에 꿇고, 합장 공경하면서 부처님께 사뢰었습니다.
"희유하십니다, 세존이시여. 여래께서는 모든 보살들을 잘 보살펴 주시고,
모든 보살들에게 잘 당부하십니다.
세존이시여, 선남자 선여인이 최상의 깨달음에 대한 마음을 일으킨 이는

三	菩	提	心	하니는	應	云	何	住	며	云
석 삼	보리 보	끌 제(리)	마음 심		응당 응	이를 운	어찌 하	머물 주		이를 운
何	降	伏	其	心	하리잇고	佛	言	하사대	善	哉
어찌 하	항복할 항	엎드릴 복	그 기	마음 심		부처 불	말씀 언		착할 선	어조사 재
善	哉	라	須	菩	提	야	如	汝	所	說
착할 선	어조사 재		모름지기 수	보리 보	끌 제(리)		같을 여	너 여	바 소	말씀 설
하야	如	來	가	善	護	念	諸	菩	薩	하며
	같을 여	올 래		잘할 선	보호할 호	생각할 념	모두 제	보리 보	보살 살	
善	付	囑	諸	菩	薩	하나니	汝	今	諦	聽
잘할 선	줄 부	부탁할 촉	모두 제	보리 보	보살 살		너 여	이제 금	살필 체(제)	들을 청
하라	當	爲	汝	說	하리라	善	男	子	善	女
	마땅할 당	위할 위	너 여	말씀 설		착할 선	사내 남	아들 자	착할 선	여자 여
人	이	發	阿	耨	多	羅	三	藐	三	菩
사람 인		발할 발	언덕 아	김맬 누(녹)	많을 다	그물 라	석 삼	아득할 막(먁)	석 삼	보리 보

어떻게 머물며, 어떻게 그 마음을 항복 받아야 합니까?"
부처님께서 말씀하셨습니다. "매우 좋은 질문이다, 수보리야.
그대의 말과 같이 여래는 모든 보살들을 잘 보살피고 잘 당부하느니라.
그대들은 이제 자세히 들어라. 마땅히 그대들을 위하여 설명하리라.
선남자 선여인이 최상의 깨달음에 대한 마음을 일으킨 사람은

提	心	하니는	應	如	是	住	하며	如	是	降
끌 제(리)	마음 심		응당 응	같을 여	이 시	머물 주		같을 여	이 시	항복할 항
伏	其	心	이니라	唯	然	世	尊	이시여	願	樂
엎드릴 복	그 기	마음 심		예 유	그러할 연	세상 세	높을 존		원할 원	좋아할 요
欲	聞	하노이다								
바랄 욕	들을 문									

大	乘	正	宗	分		第	三			
큰 대	탈 승	바를 정	마루 종	나눌 분		차례 제	석 삼			
佛	告	須	菩	提	하사대	諸	菩	薩	摩	訶
부처 불	고할 고	모름지기 수	보리 보	끌 제(리)		모두 제	보리 보	보살 살	만질 마	꾸짖을 가(하)
薩	이	應	如	是	降	伏	其	心	이니	所
보살 살		응당 응	같을 여	이 시	항복할 항	엎드릴 복	그 기	마음 심		바 소

반드시 이와 같이 머물고, 이와 같이 그 마음을 항복 받을지니라."
"예, 그렇게 하겠습니다, 세존이시여. 바라건대 즐겁게 듣고자 하나이다."

제3분 대승의 바른 종지

부처님께서 수보리에게 말씀하셨습니다.
"모든 보살마하살은 이와 같이 그 마음을 항복 받을지니라.

有	一	切	衆	生	之	類	인	若	卵	生
있을 **유**	한 **일**	온통 **체**	무리 **중**	날 **생**	어조사 **지**	무리 **류**		및 **약**	알 **난**	날 **생**
若	胎	生	若	濕	生	若	化	生	若	有
및 **약**	아이밸 **태**	날 **생**	및 **약**	젖을 **습**	날 **생**	및 **약**	화할 **화**	날 **생**	및 **약**	있을 **유**
色	若	無	色	若	有	想	若	無	想	若
빛 **색**	및 **약**	없을 **무**	빛 **색**	및 **약**	있을 **유**	생각 **상**	및 **약**	없을 **무**	생각 **상**	및 **약**
非	有	想	非	無	想	을	我	皆	令	入
아닐 **비**	있을 **유**	생각 **상**	아닐 **비**	없을 **무**	생각 **상**		나 **아**	다 **개**	하여금 **령**	들 **입**
無	餘	涅	槃	하야	而	滅	度	之	하리니	如
없을 **무**	남을 **여**	개흙 **열**	쟁반 **반**		말이을 **이**	멸할 **멸**	제도 **도**	어조사 **지**		같을 **여**
是	滅	度	無	量	無	數	無	邊	衆	生
이 **시**	멸할 **멸**	제도 **도**	없을 **무**	헤아릴 **량**	없을 **무**	셀 **수**	없을 **무**	가 **변**	무리 **중**	날 **생**
하되	實	無	衆	生	得	滅	度	者	니	何
	진실 **실**	없을 **무**	무리 **중**	날 **생**	얻을 **득**	멸할 **멸**	제도 **도**	사람 **자**		어찌 **하**

보살은 온갖 중생들의 종류인 알에서 태어나는 것, 태에서 태어나는 것, 습기에서 생기는 것,
변화하여 생기는 것, 형상이 있는 것, 형상이 없는 것, 생각이 있는 것, 생각이 없는 것,
생각이 있지도 않고 생각이 없지도 않은 것들을 모두 무여열반에 들게 하여 제도하느니라.
이와 같이 한량없고, 헤아릴 수 없고, 가없는 중생들을 제도하지만 실은 제도를 받은 중생은 없느니라.

以	故	오	須	菩	提	야	若	菩	薩	이
써 이	연고 고		모름지기 수	보리 보	끌 제(리)		만약 약	보리 보	보살 살	
有	我	相	人	相	衆	生	相	壽	者	相
있을 유	나 아	모양 상	사람 인	모양 상	무리 중	날 생	모양 상	목숨 수	것 자	모양 상
하면	卽	非	菩	薩	이니라					
	곧 즉	아닐 비	보리 보	보살 살						

妙	行	無	住	分		第	四			
묘할 묘	행할 행	없을 무	머물 주	나눌 분		차례 제	넉 사			
復	次	須	菩	提	야	菩	薩	이	於	法
다시 부	버금 차	모름지기 수	보리 보	끌 제(리)		보리 보	보살 살		어조사 어	법 법
에	應	無	所	住	하야	行	於	布	施	니
	응당 응	없을 무	바 소	머물 주		행할 행	어조사 어	보시 보	베풀 시	

왜냐하면 수보리야, 만약 보살이 '나'라는 상, '남'이라는 상, '중생'이라는 상, '수명'에 대한 상이 있으면 곧 보살이 아니기 때문이다."

제4분 아름다운 행위는 머물지 않는다

"또 수보리야, 보살은 반드시 어떤 것에도 머물지 말고 보시를 해야 하나니,

所	謂	不	住	色	布	施	며	不	住	聲
바 **소**	이를 **위**	아닐 **부**	머물 **주**	빛 **색**	보시 **보**	베풀 **시**		아닐 **부**	머물 **주**	소리 **성**
香	味	觸	法	布	施	니라	須	菩	提	야
향기 **향**	맛 **미**	닿을 **촉**	법 **법**	보시 **보**	베풀 **시**		모름지기 **수**	보리 **보**	끌 **제(리)**	
菩	薩	이	應	如	是	布	施	하야	不	住
보리 **보**	보살 **살**		응당 **응**	같을 **여**	이 **시**	보시 **보**	베풀 **시**		아닐 **부**	머물 **주**
於	相	이니	何	以	故	오	若	菩	薩	이
어조사 **어**	모양 **상**		어찌 **하**	써 **이**	연고 **고**		만약 **약**	보리 **보**	보살 **살**	
不	住	相	布	施	하면	其	福	德	을	不
아닐 **부**	머물 **주**	모양 **상**	보시 **보**	베풀 **시**		그 **기**	복 **복**	덕 **덕**		아니 **불**
可	思	量	이니라	須	菩	提	야	於	意	云
가히 **가**	생각할 **사**	헤아릴 **량**		모름지기 **수**	보리 **보**	끌 **제(리)**		어조사 **어**	뜻 **의**	이를 **운**
何	오	東	方	虛	空	을	可	思	量	不
어찌 **하**		동녘 **동**	방위 **방**	빌 **허**	빌 **공**		가히 **가**	생각할 **사**	헤아릴 **량**	아닐 **부**

이를테면, 사물에 머물지 말고 보시할 것이며,
소리와 향기와 맛과 감촉과 그 외의 온갖 것에 머물지 말고 보시해야 하느니라.
수보리야, 보살은 반드시 이와 같이 보시하여 형상에 머물지 말라.
왜냐하면 만약 보살이 형상에 머물지 않고 보시하면 그 복덕은 가히 상상할 수 없느니라.
수보리야, 그대는 어떻게 생각하는가? 동쪽 허공을 모두 상상할 수 있는가?”

아	不	也	니이다	世	尊	이시여	須	菩	提	야
	아니 불	어조사 야		세상 세	높을 존		모름지기 수	보리 보	끌 제(리)	
南	西	北	方	四	維	上	下	虛	空	을
남녘 남	서녘 서	북녘 북	방위 방	넉 사	구석 유	위 상	아래 하	빌 허	빌 공	
可	思	量	不	아	不	也	니이다	世	尊	이시여
가히 가	생각할 사	헤아릴 량	아닐 부		아니 불	어조사 야		세상 세	높을 존	
須	菩	提	야	菩	薩	의	無	住	相	布
모름지기 수	보리 보	끌 제(리)		보리 보	보살 살		없을 무	머물 주	모양 상	보시 보
施	福	德	도	亦	復	如	是	하야	不	可
베풀 시	복 복	덕 덕		또 역	다시 부	같을 여	이 시		아니 불	가히 가
思	量	이니라	須	菩	提	야	菩	薩	은	但
생각할 사	헤아릴 량		모름지기 수	보리 보	끌 제(리)		보리 보	보살 살		다만 단
應	如	所	教	住	니라					
응당 응	같을 여	바 소	가르칠 교	머물 주						

"상상할 수 없습니다, 세존이시여."

"수보리야, 남쪽 서쪽 북쪽과 네 간방과 위쪽과 아래쪽의 허공을 모두 상상할 수 있는가?"

"상상할 수 없습니다, 세존이시여."

"수보리야, 보살이 형상에 머물지 않고 보시하는 복덕도 또한 이와 같아서 가히 상상할 수 없느니라. 수보리야, 보살은 다만 이와 같이 가르쳐 준 대로 머물러야 하느니라."

如	理	實	見	分		第	五			
같을 여	이치 리	진실 실	볼 견	나눌 분		차례 제	다섯 오			
須	菩	提	야	於	意	云	何	오	可	以
모름지기 수	보리 보	끌 제(리)		어조사 어	뜻 의	이를 운	어찌 하		가히 가	써 이
身	相	으로	見	如	來	不	아	不	也	니이다
몸 신	모양 상		볼 견	같을 여	올 래	아닐 부		아니 불	어조사 야	
世	尊	이시여	不	可	以	身	相	으로	得	見
세상 세	높을 존		아니 불	가히 가	써 이	몸 신	모양 상		얻을 득	볼 견
如	來	니	何	以	故	오	如	來	所	說
같을 여	올 래		어찌 하	써 이	연고 고		같을 여	올 래	바 소	말씀 설
身	相	은	卽	非	身	相	이니이다	佛	告	須
몸 신	모양 상		곧 즉	아닐 비	몸 신	모양 상		부처 불	고할 고	모름지기 수
菩	提	하사대	凡	所	有	相	이	皆	是	虛
보리 보	끌 제(리)		무릇 범	바 소	있을 유	모양 상		다 개	이 시	빌 허

제5분 그러한 이치를 사실대로 보다

"수보리야, 그대는 어떻게 생각하는가? 육신으로써 여래를 볼 수 있겠는가?"

"아닙니다, 세존이시여. 육신으로써는 여래를 볼 수 없습니다.

왜냐하면 여래께서 육신이라고 말씀하신 것은 곧 육신이 아닙니다."

부처님께서 수보리에게 말씀하셨습니다.

"무릇 형상이 있는 것은 모두 다 허망하나니,

妄	이니	若	見	諸	相	이	非	相	하면	卽
망령 망		만약 약	볼 견	모두 제	모양 상		아닐 비	모양 상		곧 즉
見	如	來	니라							
볼 견	같을 여	올 래								

正	信	希	有	分		第	六			
바를 정	믿을 신	드물 희	있을 유	나눌 분		차례 제	여섯 육			
須	菩	提	가	白	佛	言	하사대	世	尊	이시여
모름지기 수	보리 보	끌 제(리)		아뢸 백	부처 불	말씀 언		세상 세	높을 존	
頗	有	衆	生	이	得	聞	如	是	言	說
자못 파	있을 유	무리 중	날 생		얻을 득	들을 문	같을 여	이 시	말씀 언	말씀 설
章	句	하옵고	生	實	信	不	잇가	佛	告	須
글 장	글귀 구		날 생	진실 실	믿을 신	아닐 부		부처 불	고할 고	모름지기 수

만약 모든 형상을 형상이 아닌 것으로 보면 곧 여래를 보느니라.”

제6분 바른 믿음은 희유하다

수보리가 부처님께 여쭈었습니다.

“세존이시여, 자못 어떤 중생이 이와 같은 언설이나 장구를 얻어 듣는다면 실다운 믿음을 내겠습니까?”

菩	提	하사대	莫	作	是	說	하라	如	來	滅
보리 보	끌 제(리)		말 막	지을 작	이 시	말씀 설		같을 여	올 래	멸할 멸
後	後	五	百	歲	에	有	持	戒	修	福
뒤 후	뒤 후	다섯 오	일백 백	해 세		있을 유	가질 지	경계할 계	닦을 수	복 복
者	가	於	此	章	句	에	能	生	信	心
사람 자		어조사 어	이 차	글 장	글귀 구		능할 능	날 생	믿을 신	마음 심
하야	以	此	爲	實	하리니	當	知	是	人	은
	써 이	이 차	삼을 위	진실 실		마땅할 당	알 지	이 시	사람 인	
不	於	一	佛	二	佛	三	四	五	佛	에
아니 불	어조사 어	한 일	부처 불	두 이	부처 불	석 삼	넉 사	다섯 오	부처 불	
而	種	善	根	이라	已	於	無	量	千	萬
말이을 이	심을 종	착할 선	뿌리 근		이미 이	어조사 어	없을 무	헤아릴 량	일천 천	일만 만
佛	所	에	種	諸	善	根	하야	聞	是	章
부처 불	처소 소		심을 종	모두 제	착할 선	뿌리 근		들을 문	이 시	글 장

부처님께서 수보리에게 말씀하셨습니다. "그런 말을 하지 말라.
여래가 열반한 뒤, 최후의 오백 년경에도 계를 받아 지니고 복을 닦는 사람들이 있으리라.
그들은 이러한 글귀에 신심을 내고, 이러한 이치로써 진실을 삼으리라.
반드시 알아야 한다. 이러한 사람들은 한 부처님이나, 두 부처님이나,
셋 넷 다섯 부처님에게만 선근을 심은 것이 아니다.
이미 한량없는 천만 부처님의 처소에서 여러 가지 선근을 심은 사람들이다.

句	하고	乃	至	一	念	이라도	生	淨	信	者
글귀 **구**		이에 **내**	이를 **지**	한 **일**	생각할 **념**		날 **생**	깨끗할 **정**	믿을 **신**	것 **자**
니라	須	菩	提	야	如	來	가	悉	知	悉
	모름지기 **수**	보리 **보**	끌 **제(리)**		같을 **여**	올 **래**		다 **실**	알 **지**	다 **실**
見	하나니	是	諸	衆	生	이	得	如	是	無
볼 **견**		이 **시**	모두 **제**	무리 **중**	날 **생**		얻을 **득**	같을 **여**	이 **시**	없을 **무**
量	福	德	이니라	何	以	故	오	是	諸	衆
헤아릴 **량**	복 **복**	덕 **덕**		어찌 **하**	써 **이**	연고 **고**		이 **시**	모두 **제**	무리 **중**
生	이	無	復	我	相	人	相	衆	生	相
날 **생**		없을 **무**	다시 **부**	나 **아**	모양 **상**	사람 **인**	모양 **상**	무리 **중**	날 **생**	모양 **상**
壽	者	相	하며	無	法	相	하며	亦	無	非
목숨 **수**	것 **자**	모양 **상**		없을 **무**	법 **법**	모양 **상**		또 **역**	없을 **무**	아닐 **비**
法	相	이니	何	以	故	오	是	諸	衆	生
법 **법**	모양 **상**		어찌 **하**	써 **이**	연고 **고**		이 **시**	모두 **제**	무리 **중**	날 **생**

그래서 이러한 글귀를 듣고 한 생각이나마 청정한 믿음을 내느니라.
수보리야, 여래는 이 모든 중생들이 이와 같이 한량없는 복덕을 얻으리라는 것을 다 알고 다 보느니라.
왜냐하면 이 모든 중생들은 더 이상 나라는 상이나, 남이라는 상이나,
중생이라는 상이나, 수명에 대한 상이 없느니라.
그리고 옳은 법이라는 상도 없고, 그른 법이라는 상도 없기 때문이니라. 왜냐하면 이 모든 중생들이

이	若	心	取	相	하면	卽	爲	着	我	人
	만약 약	마음 심	취할 취	모양 상		곧 즉	될 위	붙을 착	나 아	사람 인
衆	生	壽	者	며	若	取	法	相	이라도	卽
무리 중	날 생	목숨 수	것 자		만약 약	취할 취	법 법	모양 상		곧 즉
着	我	人	衆	生	壽	者	니	何	以	故
붙을 착	나 아	사람 인	무리 중	날 생	목숨 수	것 자		어찌 하	써 이	연고 고
오	若	取	非	法	相	이라도	卽	着	我	人
	만약 약	취할 취	아닐 비	법 법	모양 상		곧 즉	붙을 착	나 아	사람 인
衆	生	壽	者	니라	是	故	로	不	應	取
무리 중	날 생	목숨 수	것 자		이 시	연고 고		아니 불	응당 응	취할 취
法	이며	不	應	取	非	法	이니	以	是	義
법 법		아니 불	응당 응	취할 취	아닐 비	법 법		써 이	이 시	뜻 의
故	로	如	來	常	說	하사대	汝	等	比	丘
연고 고		같을 여	올 래	항상 상	말씀 설		너 여	무리 등	견줄 비	언덕 구

만약 마음에 어떤 상을 취하면, 곧 나와 남과 중생과 수명에 집착하게 되기 때문이니라.
왜냐하면 만약 옳은 법이라는 상을 취하여도 곧 나와 남과 중생과 수명에 집착하게 되며,
만약 그른 법이라는 상을 취하여도 나와 남과 중생과 수명에 집착하게 되기 때문이니라.
그러므로 반드시 옳은 법을 취하지도 말고, 반드시 그른 법을 취하지도 말라.
이러한 이치에 근거한 까닭에 여래는 늘 말하기를,

가	知	我	說	法	을	如	筏	喩	者	라하노니
	알 지	나 아	말씀 설	법 법		같을 여	뗏목 벌	비유 유	것 자	
法	尙	應	捨	어든	何	況	非	法	이리오	
법 법	오히려 상	응당 응	버릴 사		어찌 하	하물며 황	아닐 비	법 법		

無	得	無	說	分		第	七			
없을 무	얻을 득	없을 무	말씀 설	나눌 분		차례 제	일곱 칠			
須	菩	提	야	於	意	云	何	오	如	來
모름지기 수	보리 보	끌 제(리)		어조사 어	뜻 의	이를 운	어찌 하		같을 여	올 래
가	得	阿	耨	多	羅	三	藐	三	菩	提
	얻을 득	언덕 아	김맬 누(뇩)	많을 다	그물 라	석 삼	아득할 막(먁)	석 삼	보리 보	끌 제(리)
耶	아	如	來	有	所	說	法	耶	아	須
어조사 야		같을 여	올 래	있을 유	바 소	말씀 설	법 법	어조사 야		모름지기 수

'그대 비구들은 나의 설법을 뗏목의 비유처럼 알라'라고 하였노라.
옳은 법도 오히려 반드시 버려야 하거늘, 하물며 그른 법이겠는가?"

제7분 얻음도 없고 설함도 없다

"수보리야, 그대는 어떻게 생각하는가? 여래가 최상의 깨달음을 얻었는가?
또 여래가 설법한 바가 있는가?"

菩	提	言	하사대	如	我	解	佛	所	說	義
보리 보	끌 제(리)	말씀 언		같을 여	나 아	알 해	부처 불	바 소	말씀 설	뜻 의
컨댄	無	有	定	法	名	阿	耨	多	羅	三
	없을 무	있을 유	정할 정	법 법	이름 명	언덕 아	김맬 누(녹)	많을 다	그물 라	석 삼
藐	三	菩	提	며	亦	無	有	定	法	如
아득할 막(먁)	석 삼	보리 보	끌 제(리)		또 역	없을 무	있을 유	정할 정	법 법	같을 여
來	可	說	이니	何	以	故	오	如	來	所
올 래	가히 가	말씀 설		어찌 하	써 이	연고 고		같을 여	올 래	바 소
說	法	은	皆	不	可	取	며	不	可	說
말씀 설	법 법		다 개	아니 불	가히 가	취할 취		아니 불	가히 가	말씀 설
이며	非	法	이며	非	非	法	이니	所	以	者
	아닐 비	법 법		아닐 비	아닐 비	법 법		바 소	써 이	것 자
何	오	一	切	賢	聖	이	皆	以	無	爲
어찌 하		한 일	온통 체	어질 현	성인 성		다 개	써 이	없을 무	할 위

수보리가 사뢰었습니다. "제가 부처님께서 말씀하신 뜻을 이해하기에는
고정된 그 무엇으로써 최상의 깨달음이라고 할 것은 없습니다.
또한 고정된 그 무엇으로써 여래께서 설법하신 것은 없습니다.
왜냐하면 여래의 설법은 모두가 취할 수가 없으며, 말할 수도 없으며,
옳은 법도 아니며, 그른 법도 아닙니다.
왜냐하면 일체 성현들은 모두가 조작이 없고 꾸밈이 없는 법으로써

法	으로	而	有	差	別	이니이다				
법 법		말이을 이	있을 유	어긋날 차	다를 별					

依	法	出	生	分		第	八			
의지할 의	법 법	날 출	날 생	나눌 분		차례 제	여덟 팔			
須	菩	提	야	於	意	云	何	오	若	人
모름지기 수	보리 보	끌 제(리)		어조사 어	뜻 의	이를 운	어찌 하		만약 약	사람 인
이	滿	三	千	大	千	世	界	七	寶	로
	찰 만	석 삼	일천 천	큰 대	일천 천	세상 세	경계 계	일곱 칠	보배 보	
以	用	布	施	하면	是	人	의	所	得	福
써 이	쓸 용	보시 보	베풀 시		이 시	사람 인		바 소	얻을 득	복 복
德	이	寧	爲	多	不	아	須	菩	提	言
덕 덕		어찌 영	할 위	많을 다	아닐 부		모름지기 수	보리 보	끌 제(리)	말씀 언

온갖 차별을 꾸며서 펼쳐 보였기 때문입니다."

제8분 법에 의하여 출생하다

"수보리야, 그대는 어떻게 생각하는가?
만약 어떤 사람이 삼천대천세계에 가득한 칠보를 가지고 널리 보시하였다면,
이 사람이 얻은 복덕이 얼마나 많겠는가?"

하사대	甚	多	니이다	世	尊	이시여	何	以	故	오
	심할 심	많을 다		세상 세	높을 존		어찌 하	써 이	연고 고	
是	福	德	이	卽	非	福	德	性	일새	是
이 시	복 복	덕 덕		곧 즉	아닐 비	복 복	덕 덕	성품 성		이 시
故	로	如	來	說	福	德	多	니이다	若	復
연고 고		같을 여	올 래	말씀 설	복 복	덕 덕	많을 다		만약 약	다시 부
有	人	이	於	此	經	中	에	受	持	乃
있을 유	사람 인		어조사 어	이 차	글 경	가운데 중		받을 수	가질 지	이에 내
至	四	句	偈	等	하야	爲	他	人	說	하면
이를 지	넉 사	글귀 구	노래 게	무리 등		위할 위	다를 타	사람 인	말씀 설	
其	福	이	勝	彼	하리니	何	以	故	오	須
그 기	복 복		수승할 승	저 피		어찌 하	써 이	연고 고		모름지기 수
菩	提	야	一	切	諸	佛	과	及	諸	佛
보리 보	끌 제(리)		한 일	온통 체	모두 제	부처 불		및 급	모두 제	부처 불

수보리가 사뢰었습니다. "아주 많습니다, 세존이시여. 왜냐하면 이 복덕은 곧 복덕성이 아닙니다.
그러므로 여래께서 복덕이 많다고 말씀하신 것입니다."
"만약 어떤 사람이 이 경 가운데서 네 글귀만이라도 받아 지녀서 남을 위해 말해 주었다면,
그 복덕이 앞의 복덕보다 훨씬 뛰어나리라. 왜냐하면 수보리야, 모든 부처님과

阿	耨	多	羅	三	藐	三	菩	提	法	이
언덕 **아**	김맬 **누(뇩)**	많을 **다**	그물 **라**	석 **삼**	아득할 **막(먁)**	석 **삼**	보리 **보**	끌 **제(리)**	법 **법**	
皆	從	此	經	出	이니라	須	菩	提	야	所
다 **개**	좇을 **종**	이 **차**	글 **경**	날 **출**		모름지기 **수**	보리 **보**	끌 **제(리)**		바 **소**
謂	佛	法	者	는	卽	非	佛	法	이니라	
이를 **위**	부처 **불**	법 **법**	것 **자**		곧 **즉**	아닐 **비**	부처 **불**	법 **법**		

一	相	無	相	分		第	九			
한 **일**	모양 **상**	없을 **무**	모양 **상**	나눌 **분**		차례 **제**	아홉 **구**			
須	菩	提	야	於	意	云	何	오	須	陀
모름지기 **수**	보리 **보**	끌 **제(리)**		어조사 **어**	뜻 **의**	이를 **운**	어찌 **하**		모름지기 **수**	언덕 **타(다)**
洹	이	能	作	是	念	하대	我	得	須	陀
강이름 **원**		능할 **능**	지을 **작**	이 **시**	생각할 **념**		나 **아**	얻을 **득**	모름지기 **수**	언덕 **타(다)**

모든 부처님의 최상의 깨달음의 도리는 다 이 경전으로부터 나왔기 때문이니라.
수보리야, 이른바 불법이란 곧 불법이 아니니라."

제9분 하나의 상도 상이 없다

"수보리야, 그대는 어떻게 생각하는가?
수다원이 생각하기를 '나는 수다원의 과위를 얻었노라' 하겠는가?"

洹	果	不	아	須	菩	提	言	하사대	不	也
강이름 원	열매 과	아닐 부		모름지기 수	보리 보	끝 제(리)	말씀 언		아니 불	어조사 야
니이다	世	尊	이시여	何	以	故	오	須	陀	洹
	세상 세	높을 존		어찌 하	써 이	연고 고		모름지기 수	언덕 타(다)	강이름 원
은	名	爲	入	流	로대	而	無	所	入	이니
	이름 명	할 위	들 입	무리 류		말이을 이	없을 무	바 소	들 입	
不	入	色	聲	香	味	觸	法	일새	是	名
아니 불	들 입	빛 색	소리 성	향기 향	맛 미	닿을 촉	법 법		이 시	이름 명
須	陀	洹	이니이다	須	菩	提	야	於	意	云
모름지기 수	언덕 타(다)	강이름 원		모름지기 수	보리 보	끝 제(리)		어조사 어	뜻 의	이를 운
何	오	斯	陀	含	이	能	作	是	念	하대
어찌 하		이 사	언덕 타(다)	머금을 함		능할 능	지을 작	이 시	생각할 념	
我	得	斯	陀	含	果	不	아	須	菩	提
나 아	얻을 득	이 사	언덕 타(다)	머금을 함	열매 과	아닐 부		모름지기 수	보리 보	끝 제(리)

수보리가 사뢰었습니다. "아닙니다, 세존이시여.
왜냐하면 수다원은 '성인의 유流에 들다'라고 이름하지만 실은 어디에 들어가는 것이 아닙니다.
사물이나 소리나 향기나 맛이나 감촉이나 그 외의 무엇에도 들어가는 것이 아닙니다.
그 이름이 수다원일 뿐이기 때문입니다."
"수보리야, 그대는 어떻게 생각하는가?
사다함이 생각하기를 '나는 사다함의 과위를 얻었노라' 하겠는가?"

言	하사대	不	也	니이다	世	尊	이시여	何	以	故
말씀 언		아니 불	어조사 야		세상 세	높을 존		어찌 하	써 이	연고 고
오	斯	陀	含	은	名	一	往	來	로대	而
	이 사	언덕 타(다)	머금을 함		이름 명	한 일	갈 왕	올 래		말이을 이
實	無	往	來	일새	是	名	斯	陀	含	이니이다
진실 실	없을 무	갈 왕	올 래		이 시	이름 명	이 사	언덕 타(다)	머금을 함	
須	菩	提	야	於	意	云	何	오	阿	那
모름지기 수	보리 보	끌 제(리)		어조사 어	뜻 의	이를 운	어찌 하		언덕 아	어찌 나
含	이	能	作	是	念	하대	我	得	阿	那
머금을 함		능할 능	지을 작	이 시	생각할 념		나 아	얻을 득	언덕 아	어찌 나
含	果	不	아	須	菩	提	言	하사대	不	也
머금을 함	열매 과	아닐 부		모름지기 수	보리 보	끌 제(리)	말씀 언		아니 불	어조사 야
니이다	世	尊	이시여	何	以	故	오	阿	那	含
	세상 세	높을 존		어찌 하	써 이	연고 고		언덕 아	어찌 나	머금을 함

수보리가 사뢰었습니다.
"아닙니다, 세존이시여. 왜냐하면 사다함은 이름이 '한 번 갔다 온다'는 말이지만,
실은 가고 옴이 없습니다. 그 이름이 사다함일 뿐이기 때문입니다."
"수보리야, 그대는 어떻게 생각하는가? 아나함이 생각하기를
'나는 아나함의 과위를 얻었노라' 하겠는가?"
수보리가 사뢰었습니다. "아닙니다, 세존이시여. 왜냐하면 아나함은

은	名	爲	不	來	로대	而	實	無	不	來
	이름 명	할 위	아니 불	올 래		말이을 이	진실 실	없을 무	아니 불	올 래
일새	是	故	로	名	阿	那	含	이니이다	須	菩
	이 시	연고 고		이름 명	언덕 아	어찌 나	머금을 함		모름지기 수	보리 보
提	야	於	意	云	何	오	阿	羅	漢	이
끌 제(리)		어조사 어	뜻 의	이를 운	어찌 하		언덕 아	그물 라	사나이 한	
能	作	是	念	하대	我	得	阿	羅	漢	道
능할 능	지을 작	이 시	생각할 념		나 아	얻을 득	언덕 아	그물 라	사나이 한	길 도
不	아	須	菩	提	言	하사대	不	也	니이다	世
아닐 부		모름지기 수	보리 보	끌 제(리)	말씀 언		아니 불	어조사 야		세상 세
尊	이시여	何	以	故	오	實	無	有	法	名
높을 존		어찌 하	써 이	연고 고		진실 실	없을 무	있을 유	법 법	이름 명
阿	羅	漢	이니	世	尊	이시여	若	阿	羅	漢
언덕 아	그물 라	사나이 한		세상 세	높을 존		만약 약	언덕 아	그물 라	사나이 한

이름이 '오지 않는다'는 말이지만 실은 오지 않는다는 것이 없습니다.
그 이름이 아나함일 뿐이기 때문입니다."
"수보리야, 그대는 어떻게 생각하는가? 아라한이 생각하기를, '내가 아라한의 도를 얻었노라' 하겠는가?"
수보리가 사뢰었습니다. "아닙니다, 세존이시여.
왜냐하면 실로 고정된 것이 있어서 이름을 아라한이라고 한 것이 아닙니다.
세존이시여, 만약 아라한이 생각하기를

이	作	是	念	하대	我	得	阿	羅	漢	道
	지을 **작**	이 **시**	생각할 **념**		나 **아**	얻을 **득**	언덕 **아**	그물 **라**	사나이 **한**	길 **도**
라하면	卽	爲	着	我	人	衆	生	壽	者	니이다
	곧 **즉**	될 **위**	붙을 **착**	나 **아**	사람 **인**	무리 **중**	날 **생**	목숨 **수**	것 **자**	
世	尊	이시여	佛	說	我	得	無	諍	三	昧
세상 **세**	높을 **존**		부처 **불**	말씀 **설**	나 **아**	얻을 **득**	없을 **무**	다툴 **쟁**	석 **삼**	새벽 **매**
人	中	에	最	爲	第	一	이라	是	第	一
사람 **인**	가운데 **중**		가장 **최**	될 **위**	차례 **제**	한 **일**		이 **시**	차례 **제**	한 **일**
離	欲	阿	羅	漢	이라 하시나	世	尊	이시여	我	不
떠날 **이**	바랄 **욕**	언덕 **아**	그물 **라**	사나이 **한**		세상 **세**	높을 **존**		나 **아**	아닐 **부**
作	是	念	하대	我	是	離	欲	阿	羅	漢
지을 **작**	이 **시**	생각할 **념**		나 **아**	이 **시**	떠날 **이**	바랄 **욕**	언덕 **아**	그물 **라**	사나이 **한**
이라 하노이다	世	尊	이시여	我	若	作	是	念	하대	我
	세상 **세**	높을 **존**		나 **아**	만약 **약**	지을 **작**	이 **시**	생각할 **념**		나 **아**

'나는 아라한의 도를 얻었노라'라고 하면
이는 곧 나와 남과 중생과 수명에 집착한 것이 되기 때문입니다.
세존이시여, 부처님께서 저를 '다툼이 없는 삼매를 얻은 사람 가운데서 제일이다'라고 말씀하셨습니다.
이는 욕심을 떠난 아라한 중에 제일이라는 것입니다.
그러나 세존이시여, 저는 '나는 욕심을 떠난 아라한이다'라는 생각을 하지 않습니다.
세존이시여, 제가 만약 '나는 아라한의 도를 얻었다'라고 생각한다면,

得	阿	羅	漢	道	라하면	世	尊	이	卽	不
얻을 득	언덕 아	그물 라	사나이 한	길 도		세상 세	높을 존		곧 즉	아니 불
說	須	菩	提	가	是	樂	阿	蘭	那	行
말씀 설	모름지기 수	보리 보	끌 제(리)		이 시	좋아할 요	언덕 아	난초 란	어찌 나	행할 행
者	라하시 려니와	以	須	菩	提	가	實	無	所	行
사람 자		써 이	모름지기 수	보리 보	끌 제(리)		진실 실	없을 무	바 소	행할 행
일새	而	名	須	菩	提	가	是	樂	阿	蘭
	말이을 이	이름 명	모름지기 수	보리 보	끌 제(리)		이 시	좋아할 요	언덕 아	난초 란
那	行	이라하시 나이다								
어찌 나	행할 행									

莊	嚴	淨	土	分		第	十			
꾸밀 장	꾸밀 엄	깨끗할 정	흙 토	나눌 분		차례 제	열 십			

세존께서는 곧 '수보리가 고요한 행을 좋아하는 사람이다'라고 말씀하시지 않았을 것입니다.
수보리는 실로 고요한 행을 한 바가 없습니다.
그냥 부르기를 '수보리는 고요한 행을 좋아하는 사람이다'라고 할 뿐입니다."

제10분 세상을 장엄하다

佛	告	須	菩	提	하사대	於	意	云	何	오
부처 **불**	고할 **고**	모름지기 **수**	보리 **보**	끌 **제(리)**		어조사 **어**	뜻 **의**	이를 **운**	어찌 **하**	
如	來	昔	在	燃	燈	佛	所	하야	於	法
같을 **여**	올 **래**	옛 **석**	있을 **재**	태울 **연**	등불 **등**	부처 **불**	처소 **소**		어조사 **어**	법 **법**
에	有	所	得	不	아	不	也	니이다	世	尊
	있을 **유**	바 **소**	얻을 **득**	아닐 **부**		아니 **불**	어조사 **야**		세상 **세**	높을 **존**
이시여	如	來	在	燃	燈	佛	所	하사	於	法
	같을 **여**	올 **래**	있을 **재**	태울 **연**	등불 **등**	부처 **불**	처소 **소**		어조사 **어**	법 **법**
에	實	無	所	得	이니이다	須	菩	提	야	於
	진실 **실**	없을 **무**	바 **소**	얻을 **득**		모름지기 **수**	보리 **보**	끌 **제(리)**		어조사 **어**
意	云	何	오	菩	薩	이	莊	嚴	佛	土
뜻 **의**	이를 **운**	어찌 **하**		보리 **보**	보살 **살**		꾸밀 **장**	꾸밀 **엄**	부처 **불**	흙 **토**
不	아	不	也	니이다	世	尊	이시여	何	以	故
아닐 **부**		아니 **불**	어조사 **야**		세상 **세**	높을 **존**		어찌 **하**	써 **이**	연고 **고**

부처님께서 수보리에게 말씀하셨습니다.
"수보리야, 그대는 어떻게 생각하는가?
여래가 옛적에 연등 부처님 처소에서 법에 대하여 무엇을 얻은 것이 있는가?"
"아닙니다, 세존이시여. 여래께서는 연등 부처님 처소에 계실 적에 법에 대하여 실로 얻은 것이 없습니다."
"수보리야, 그대는 어떻게 생각하는가? 보살이 세상을 장엄하는가?"
"아닙니다, 세존이시여.

오	莊	嚴	佛	土	者	는	卽	非	莊	嚴
	꾸밀 장	꾸밀 엄	부처 불	흙 토	것 자		곧 즉	아닐 비	꾸밀 장	꾸밀 엄
일새	是	名	莊	嚴	이니이다	是	故	로	須	菩
	이 시	이름 명	꾸밀 장	꾸밀 엄		이 시	연고 고		모름지기 수	보리 보
提	야	諸	菩	薩	摩	訶	薩	이	應	如
끌 제(리)		모두 제	보리 보	보살 살	만질 마	꾸짖을 가(하)	보살 살		응당 응	같을 여
是	生	淸	淨	心	이니	不	應	住	色	生
이 시	날 생	맑을 청	깨끗할 정	마음 심		아니 불	응당 응	머물 주	빛 색	날 생
心	하며	不	應	住	聲	香	味	觸	法	生
마음 심		아니 불	응당 응	머물 주	소리 성	향기 향	맛 미	닿을 촉	법 법	날 생
心	이요	應	無	所	住	하야	而	生	其	心
마음 심		응당 응	없을 무	바 소	머물 주		말이을 이	날 생	그 기	마음 심
이니라	須	菩	提	야	譬	如	有	人	이	身
	모름지기 수	보리 보	끌 제(리)		비유할 비	만약 여	있을 유	사람 인		몸 신

왜냐하면 보살이 세상을 장엄한다는 것은 곧 장엄이 아니며, 그 이름이 장엄일 뿐이기 때문입니다."
"그러므로 수보리야, 모든 보살마하살은 반드시 이와 같이 텅 빈[淸淨] 마음을 낼지니라.
반드시 사물에 머물지 말고 마음을 낼 것이며,
반드시 소리와 냄새와 맛과 감촉과 그 외의 어떤 것에도 머물지 말고 마음을 낼지니라.
응당 머무는 바 없이 그 마음을 낼지니라.
수보리야, 비유하자면 마치 어떤 사람의 몸이 수미산만 하다면

如	須	彌	山	王	하면	於	意	云	何	오
같을 **여**	모름지기 **수**	두루 **미**	뫼 **산**	임금 **왕**		어조사 **어**	뜻 **의**	이를 **운**	어찌 **하**	

是	身	이	爲	大	不	아	須	菩	提	言
이 **시**	몸 **신**		할 **위**	큰 **대**	아닐 **부**		모름지기 **수**	보리 **보**	끌 **제(리)**	말씀 **언**

하사대	甚	大	니이다	世	尊	이시여	何	以	故	오
	심할 **심**	큰 **대**		세상 **세**	높을 **존**		어찌 **하**	써 **이**	연고 **고**	

佛	說	非	身	이	是	名	大	身	이니이다	
부처 **불**	말씀 **설**	아닐 **비**	몸 **신**		이 **시**	이름 **명**	큰 **대**	몸 **신**		

無	爲	福	勝	分		第	十	一		
없을 **무**	할 **위**	복 **복**	수승할 **승**	나눌 **분**		차례 **제**	열 **십**	한 **일**		

須	菩	提	야	如	恒	河	中	所	有	沙
모름지기 **수**	보리 **보**	끌 **제(리)**		같을 **여**	항상 **항**	물 **하**	가운데 **중**	바 **소**	있을 **유**	모래 **사**

그대는 어떻게 생각하는가? 그 몸을 크다고 하겠는가?"
수보리가 사뢰었습니다. "아주 큽니다, 세존이시여.
왜냐하면 부처님께서 말씀하신 것은 몸이 아니며, 그 이름이 큰 몸일 뿐이기 때문입니다."

제11분 무위의 복이 수승하다

"수보리야, 저 항하에 있는 모래 수처럼

數	하야	如	是	沙	等	恒	河	가	於	意
셀 수		같을 여	이 시	모래 사	무리 등	항상 항	물 하		어조사 어	뜻 의
云	何	오	是	諸	恒	河	沙	가	寧	爲
이를 운	어찌 하		이 시	모두 제	항상 항	물 하	모래 사		어찌 영	할 위
多	不	아	須	菩	提	言	하사대	甚	多	니이다
많을 다	아닐 부		모름지기 수	보리 보	끌 제(리)	말씀 언		심할 심	많을 다	
世	尊	이시여	但	諸	恒	河	도	尙	多	無
세상 세	높을 존		다만 단	모두 제	항상 항	물 하		오히려 상	많을 다	없을 무
數	온	何	況	其	沙	리잇가	須	菩	提	야
셀 수		어찌 하	하물며 황	그 기	모래 사		모름지기 수	보리 보	끌 제(리)	
我	今	實	言	으로	告	汝	하노니	若	有	善
나 아	이제 금	진실 실	말씀 언		고할 고	너 여		만약 약	있을 유	착할 선
男	子	善	女	人	이	以	七	寶	로	滿
사내 남	아들 자	착할 선	여자 여	사람 인		써 이	일곱 칠	보배 보		찰 만

그렇게 많은 항하가 있다면 그대의 생각은 어떤가?
그 모든 항하에 있는 모래의 수는 얼마나 많겠는가?”
수보리가 사뢰었습니다. “아주 많습니다, 세존이시여.
단지 저 모든 항하의 수만 하여도 무수히 많은데 하물며 그 가운데 있는 모래의 수이겠습니까.”
“수보리야, 내가 이제 진실한 말로 그대에게 이르리라. 만약 어떤 선남자 선여인이

爾	所	恒	河	沙	數	三	千	大	千	世
저 **이**	장소 **소**	항상 **항**	물 **하**	모래 **사**	셀 **수**	석 **삼**	일천 **천**	큰 **대**	일천 **천**	세상 **세**
界	하야	以	用	布	施	하면	得	福	이	多
경계 **계**		써 **이**	쓸 **용**	보시 **보**	베풀 **시**		얻을 **득**	복 **복**		많을 **다**
不	아	須	菩	提	言	하사대	甚	多	니이다	世
아닐 **부**		모름지기 **수**	보리 **보**	끌 **제(리)**	말씀 **언**		심할 **심**	많을 **다**		세상 **세**
尊	이시여	佛	告	須	菩	提	하사대	若	善	男
높을 **존**		부처 **불**	고할 **고**	모름지기 **수**	보리 **보**	끌 **제(리)**		만약 **약**	착할 **선**	사내 **남**
子	善	女	人	이	於	此	經	中	에	乃
아들 **자**	착할 **선**	여자 **여**	사람 **인**		어조사 **어**	이 **차**	글 **경**	가운데 **중**		이에 **내**
至	受	持	四	句	偈	等	하야	爲	他	人
이를 **지**	받을 **수**	가질 **지**	넉 **사**	글귀 **구**	노래 **게**	무리 **등**		위할 **위**	다를 **타**	사람 **인**
說	하면	而	此	福	德	이	勝	前	福	德
말씀 **설**		말이을 **이**	이 **차**	복 **복**	덕 **덕**		수승할 **승**	앞 **전**	복 **복**	덕 **덕**

저 항하의 모래 수처럼 많은 삼천대천세계에 가득한 금은보화를 가지고 널리 보시하였다면
그가 얻은 복이 얼마나 많겠는가?"
수보리가 사뢰었습니다. "매우 많습니다, 세존이시여."
부처님께서 수보리에게 말씀하셨습니다.
"만약 선남자 선여인이 이 경전 가운데서 네 글귀만이라도 받아 지녀서
남을 위하여 설명하여 준다면 이 일의 복덕은 앞의 복덕보다 훨씬 뛰어나리라."

하리라

尊	重	正	敎	分		第	十	二		
높을 존	무거울 중	바를 정	가르칠 교	나눌 분		차례 제	열 십	두 이		
復	次	須	菩	提	야	隨	說	是	經	하되
다시 부	버금 차	모름지기 수	보리 보	끌 제(리)		따를 수	말씀 설	이 시	글 경	
乃	至	四	句	偈	等	하면	當	知	此	處
이에 내	이를 지	넉 사	글귀 구	노래 게	무리 등		마땅할 당	알 지	이 차	곳 처
는	一	切	世	間	天	人	阿	修	羅	가
	한 일	온통 체	세상 세	사이 간	하늘 천	사람 인	언덕 아	닦을 수	그물 라	
皆	應	供	養	을	如	佛	塔	廟	어든	何
다 개	응당 응	이바지할 공	기를 양		같을 여	부처 불	탑 탑	사당 묘		어찌 하

제12분 올바른 가르침을 존중하다

"또 수보리야, 이 경을 해설하되 단지 사구게만 하더라도 반드시 알라.
이곳에는 일체 세간의 천신과 사람과 아수라가
다 마땅히 부처님의 탑에 공양하는 것과 같이 해야 한다.

況	有	人	이	盡	能	受	持	讀	誦	하는 것이리오
하물며 **황**	있을 **유**	사람 **인**		다할 **진**	능할 **능**	받을 **수**	가질 **지**	읽을 **독**	월 **송**	
須	菩	提	야	當	知	是	人	은	成	就
모름지기 **수**	보리 **보**	끌 **제(리)**		마땅할 **당**	알 **지**	이 **시**	사람 **인**		이룰 **성**	나아갈 **취**
最	上	第	一	希	有	之	法	이니	若	是
가장 **최**	위 **상**	차례 **제**	한 **일**	드물 **희**	있을 **유**	어조사 **지**	법 **법**		만약 **약**	이 **시**
經	典	所	在	之	處	는	卽	爲	有	佛
글 **경**	법 **전**	장소 **소**	있을 **재**	어조사 **지**	곳 **처**		곧 **즉**	될 **위**	있을 **유**	부처 **불**
과	若	尊	重	弟	子	니라				
	및 **약**	높을 **존**	무거울 **중**	아우 **제**	아들 **자**					

如	法	受	持	分		第	十	三		
같을 **여**	법 **법**	받을 **수**	가질 **지**	나눌 **분**		차례 **제**	열 **십**	석 **삼**		

하물며 어떤 사람이 이 경을 모두 다 받아 지니고 읽고 외우는 일이겠는가?
수보리야, 반드시 알라. 이 사람은 가장 높고 제일가는 희유한 법을 성취한 것이다.
만약 이 경전이 있는 곳이라면 부처님과 훌륭한 제자들이 함께 계시는 것이 되느니라."

제13분 여법하게 받아 지니다

爾	時	에	須	菩	提	가	白	佛	言	하사대
너 이	때 시		모름지기 수	보리 보	끌 제(리)		아뢸 백	부처 불	말씀 언	
世	尊	이시여	當	何	名	此	經	이며	我	等
세상 세	높을 존		마땅할 당	어찌 하	이름 명	이 차	글 경		나 아	무리 등
이	云	何	奉	持	하리까	佛	告	須	菩	提
	이를 운	어찌 하	받들 봉	가질 지		부처 불	고할 고	모름지기 수	보리 보	끌 제(리)
하사대	是	經	은	名	爲	金	剛	般	若	波
	이 시	글 경		이름 명	할 위	쇠 금	굳셀 강	일반 반	반야 야	물결 파(바)
羅	蜜	이니	以	是	名	字	로	汝	當	奉
그물 라	꿀 밀		써 이	이 시	이름 명	글자 자		너 여	마땅할 당	받들 봉
持	하라	所	以	者	何	오	須	菩	提	야
가질 지		바 소	써 이	것 자	어찌 하		모름지기 수	보리 보	끌 제(리)	
佛	說	般	若	波	羅	蜜	이	卽	非	般
부처 불	말씀 설	일반 반	반야 야	물결 파(바)	그물 라	꿀 밀		곧 즉	아닐 비	일반 반

그때에 수보리가 부처님께 사뢰었습니다.

"세존이시여, 이 경의 이름을 무엇이라 해야 합니까? 그리고 저희들이 어떻게 받들어 가져야 합니까?"

부처님께서 수보리에게 말씀하셨습니다.

"이 경의 이름은 '금강반야바라밀'이다. 그대들은 반드시 이러한 이름으로 받들어 가지도록 하라. 왜냐하면 수보리야, 여래가 말한 반야바라밀이란 곧 반야바라밀이 아니고

若	波	羅	蜜	일새	是	名	般	若	波	羅
반야 야	물결 파(바)	그물 라	꿀 밀		이 시	이름 명	일반 반	반야 야	물결 파(바)	그물 라
蜜	이니라	須	菩	提	야	於	意	云	何	오
꿀 밀		모름지기 수	보리 보	끌 제(리)		어조사 어	뜻 의	이를 운	어찌 하	
如	來	가	有	所	說	法	不	아	須	菩
같을 여	올 래		있을 유	바 소	말씀 설	법 법	아닐 부		모름지기 수	보리 보
提	가	白	佛	言	하사대	世	尊	이시여	如	來
끌 제(리)		아뢸 백	부처 불	말씀 언		세상 세	높을 존		같을 여	올 래
가	無	所	說	이니이다	須	菩	提	야	於	意
	없을 무	바 소	말씀 설		모름지기 수	보리 보	끌 제(리)		어조사 어	뜻 의
云	何	오	三	千	大	千	世	界	所	有
이를 운	어찌 하		석 삼	일천 천	큰 대	일천 천	세상 세	경계 계	바 소	있을 유
微	塵	이	是	爲	多	不	아	須	菩	提
작을 미	티끌 진		이 시	할 위	많을 다	아닐 부		모름지기 수	보리 보	끌 제(리)

그 이름이 반야바라밀일 뿐이기 때문이니라.
수보리야, 그대는 어떻게 생각하는가? 여래가 설법한 바가 있는가?"
수보리가 부처님께 사뢰었습니다.
"세존이시여, 여래께서는 설법하신 바가 없습니다."
"수보리야, 그대는 어떻게 생각하는가? 삼천대천세계에 있는 모든 먼지의 수를 많다고 하겠는가?"

言	하사대	甚	多	니이다	世	尊	이시여	須	菩	提
말씀 언		심할 심	많을 다		세상 세	높을 존		모름지기 수	보리 보	끝 제(리)
야	諸	微	塵	을	如	來	說	非	微	塵
	모두 제	작을 미	티끌 진		같을 여	올 래	말씀 설	아닐 비	작을 미	티끌 진
일새	是	名	微	塵	이며	如	來	說	世	界
	이 시	이름 명	작을 미	티끌 진		같을 여	올 래	말씀 설	세상 세	경계할 계
도	非	世	界	일새	是	名	世	界	니라	須
	아닐 비	세상 세	경계할 계		이 시	이름 명	세상 세	경계할 계		모름지기 수
菩	提	야	於	意	云	何	오	可	以	三
보리 보	끝 제(리)		어조사 어	뜻 의	이를 운	어찌 하		가히 가	써 이	석 삼
十	二	相	으로	見	如	來	不	아	不	也
열 십	두 이	모양 상		볼 견	같을 여	올 래	아닐 부		아니 불	어조사 야
니이다	世	尊	이시여	不	可	以	三	十	二	相
	세상 세	높을 존		아니 불	가히 가	써 이	석 삼	열 십	두 이	모양 상

수보리가 사뢰었습니다. "아주 많습니다, 세존이시여."
"수보리야, 이 모든 먼지를 여래는 말하기를 '먼지가 아니고 그 이름이 먼지일 뿐이다'라고 하며,
여래가 말하는 세계도 또한 세계가 아니고 그 이름이 세계일 뿐이니라.
수보리야, 어떻게 생각하는가? 서른두 가지의 거룩한 상호로써 여래라고 볼 수 있겠는가?"
"아닙니다, 세존이시여. 서른두 가지의 거룩한 상호로써는 여래라고 볼 수 없습니다.

으로	得	見	如	來	니	何	以	故	오	如
	얻을 **득**	볼 **견**	같을 **여**	올 **래**		어찌 **하**	써 **이**	연고 **고**		같을 **여**
來	說	三	十	二	相	이	即	是	非	相
올 **래**	말씀 **설**	석 **삼**	열 **십**	두 **이**	모양 **상**		곧 **즉**	이 **시**	아닐 **비**	모양 **상**
일새	是	名	三	十	二	相	이니이다	須	菩	提
	이 **시**	이름 **명**	석 **삼**	열 **십**	두 **이**	모양 **상**		모름지기 **수**	보리 **보**	끌 **제(리)**
야	若	有	善	男	子	善	女	人	이	以
	만약 **약**	있을 **유**	착할 **선**	사내 **남**	아들 **자**	착할 **선**	여자 **여**	사람 **인**		써 **이**
恒	河	沙	等	身	命	으로	布	施	어든	若
항상 **항**	물 **하**	모래 **사**	같을 **등**	몸 **신**	목숨 **명**		보시 **보**	베풀 **시**		만약 **약**
復	有	人	이	於	此	經	中	에	乃	至
다시 **부**	있을 **유**	사람 **인**		어조사 **어**	이 **차**	글 **경**	가운데 **중**		이에 **내**	이를 **지**
受	持	四	句	偈	等	하야	爲	他	人	說
받을 **수**	가질 **지**	넉 **사**	글귀 **구**	노래 **게**	무리 **등**		위할 **위**	다를 **타**	사람 **인**	말씀 **설**

왜냐하면 여래께서 말씀하신 서른두 가지의 거룩한 상호는 곧 상호가 아니고
그 이름이 서른두 가지의 거룩한 상호일 뿐이기 때문입니다."
"수보리야, 만약 어떤 선남자 선여인이
항하의 모래 수와 같은 수많은 목숨을 바쳐 널리 보시한 사람이 있고,
또 어떤 사람은 이 경전 가운데서 네 글귀만이라도 받아 가지고 남을 위하여 설명해 주었다면
그 복이 훨씬 많으니라."

하면	其	福	이	甚	多	니라				
	그 기	복 복		심할 심	많을 다					

離	相	寂	滅	分		第	十	四		
떠날 이	모양 상	고요할 적	멸할 멸	나눌 분		차례 제	열 십	넉 사		
爾	時	에	須	菩	提	가	聞	說	是	經
너 이	때 시		모름지기 수	보리 보	끌 제(리)		들을 문	말씀 설	이 시	글 경
하고	深	解	義	趣	하사	涕	淚	悲	泣	하사
	깊을 심	알 해	옳을 의	뜻 취		눈물 체	눈물 루	슬플 비	울 읍	
而	白	佛	言	하사대	希	有	世	尊	이시여	佛
말이을 이	아뢸 백	부처 불	말씀 언		드물 희	있을 유	세상 세	높을 존		부처 불
說	如	是	甚	深	經	典	은	我	從	昔
말씀 설	같을 여	이 시	심할 심	깊을 심	글 경	법 전		나 아	좇을 종	옛 석

제14분 상을 떠난 적멸

그때에 수보리가 이 경을 설하심을 듣고,
그 뜻을 깊이 깨달아 알고는 눈물을 흘리고 슬피 울면서 부처님께 사뢰었습니다.
"참으로 희유하십니다, 세존이시여. 부처님께서 설하신 이와 같이 깊고 깊은 경전은,

來	所	得	慧	眼	으로	未	曾	得	聞	如
올 **래**	바 **소**	얻을 **득**	지혜 **혜**	눈 **안**		아닐 **미**	일찍 **증**	얻을 **득**	들을 **문**	같을 **여**
是	之	經	이니이다	世	尊	이시여	若	復	有	人
이 **시**	어조사 **지**	글 **경**		세상 **세**	높을 **존**		만약 **약**	다시 **부**	있을 **유**	사람 **인**
이	得	聞	是	經	하고	信	心	淸	淨	하면
	얻을 **득**	들을 **문**	이 **시**	글 **경**		믿을 **신**	마음 **심**	맑을 **청**	깨끗할 **정**	
卽	生	實	相	하리니	當	知	是	人	은	成
곧 **즉**	날 **생**	진실 **실**	모양 **상**		마땅할 **당**	알 **지**	이 **시**	사람 **인**		이룰 **성**
就	第	一	希	有	功	德	이니	世	尊	이시여
나아갈 **취**	차례 **제**	한 **일**	드물 **희**	있을 **유**	공 **공**	덕 **덕**		세상 **세**	높을 **존**	
是	實	相	者	는	卽	是	非	相	이니	是
이 **시**	진실 **실**	모양 **상**	것 **자**		곧 **즉**	이 **시**	아닐 **비**	모양 **상**		이 **시**
故	로	如	來	說	名	實	相	이니이다	世	尊
연고 **고**		같을 **여**	올 **래**	말씀 **설**	이름 **명**	진실 **실**	모양 **상**		세상 **세**	높을 **존**

제가 옛날부터 지금까지 닦아 얻은 지혜의 눈으로는 일찍이 이와 같은 가르치심은 듣지 못하였습니다.
세존이시여, 만약 이 다음에 또 어떤 사람이 이 경전을 얻어 듣고 신심이 청정해지면
곧 실상이 생길 것입니다.
그리고 이 사람은 제일가는 희유한 공덕을 성취한 사실을 반드시 알아야 할 것입니다.
세존이시여, 이 실상이라는 것은 곧 실상이 아닙니다.
그러므로 여래께서 말씀하시기를 '이름이 실상이다'라고 하셨습니다.

이시여	我	今	得	聞	如	是	經	典	하고	信
	나 아	이제 금	얻을 득	들을 문	같을 여	이 시	글 경	법 전		믿을 신
解	受	持	는	不	足	爲	難	이어니와	若	當
알 해	받을 수	가질 지		아닐 부	족할 족	될 위	어려울 난		만약 약	당할 당
來	世	後	五	百	歲	에	其	有	衆	生
올 래	세상 세	뒤 후	다섯 오	일백 백	해 세		그 기	있을 유	무리 중	날 생
이	得	聞	是	經	하고	信	解	受	持	하면
	얻을 득	들을 문	이 시	글 경		믿을 신	알 해	받을 수	가질 지	
是	人	은	卽	爲	第	一	希	有	니	何
이 시	사람 인		곧 즉	될 위	차례 제	한 일	드물 희	있을 유		어찌 하
以	故	오	此	人	은	無	我	相	하며	無
써 이	연고 고		이 차	사람 인		없을 무	나 아	모양 상		없을 무
人	相	하며	無	衆	生	相	하며	無	壽	者
사람 인	모양 상		없을 무	무리 중	날 생	모양 상		없을 무	목숨 수	것 자

세존이시여, 제가 이와 같은 경전을 얻어 듣고, 믿고 이해하여 받아 가지는 것은 그리 어렵지 않으나,
만약 앞으로 최후의 오백 년경에 그 어떤 중생이 이 경전을 얻어 듣고 믿고 이해하여 받아 가진다면,
그 사람이야말로 참으로 제일 희유한 사람이 될 것입니다.
왜냐하면 그 사람은 나라는 상도 없고, 남이라는 상도 없고,
중생이라는 상도 없고, 수명에 대한 상도 없기 때문입니다.

相	이니	所	以	者	何	오	我	相	이	卽
모양 상		바 소	써 이	것 자	어찌 하		나 아	모양 상		곧 즉
是	非	相	이며	人	相	衆	生	相	壽	者
이 시	아닐 비	모양 상		사람 인	모양 상	무리 중	날 생	모양 상	목숨 수	것 자
相	이	卽	是	非	相	이라	何	以	故	오
모양 상		곧 즉	이 시	아닐 비	모양 상		어찌 하	써 이	연고 고	
離	一	切	諸	相	이	卽	名	諸	佛	이니이다
떠날 이	한 일	온통 체	모두 제	모양 상		곧 즉	이름 명	모두 제	부처 불	
佛	告	須	菩	提	하사대	如	是	如	是	하다
부처 불	고할 고	모름지기 수	보리 보	끌 제(리)		같을 여	이 시	같을 여	이 시	
若	復	有	人	이	得	聞	是	經	하고	不
만약 약	다시 부	있을 유	사람 인		얻을 득	들을 문	이 시	글 경		아니 불
驚	不	怖	不	畏	하면	當	知	是	人	은
놀랄 경	아니 불	두려워할 포	아니 불	두려워할 외		마땅할 당	알 지	이 시	사람 인	

왜냐하면 나라는 상도 곧 상이 아니며,
남이라는 상과 중생이라는 상과 수명에 대한 상도 곧 상이 아니기 때문입니다.
왜냐하면 일체의 상을 떠난 사람이 곧 부처님이기 때문입니다."
부처님께서 수보리에게 말씀하셨습니다.
"참으로 옳은 말이다. 만약 또 어떤 사람이 이 경을 듣고 놀라지도 않고, 겁내지도 않으며,
두려워하지도 않는다면 반드시 알라. 이 사람도 대단히 희유한 사람이니라.

甚	爲	希	有	니	何	以	故	오	須	菩
심할 심	될 위	바랄 희	있을 유		어찌 하	써 이	연고 고		모름지기 수	보리 보
提	야	如	來	說	第	一	波	羅	蜜	이
끌 제(리)		같을 여	올 래	말씀 설	차례 제	한 일	물결 파(바)	그물 라	꿀 밀	
卽	非	第	一	波	羅	蜜	일새	是	名	第
곧 즉	아닐 비	차례 제	한 일	물결 파(바)	그물 라	꿀 밀		이 시	이름 명	차례 제
一	波	羅	蜜	이니라	須	菩	提	야	忍	辱
한 일	물결 파(바)	그물 라	꿀 밀		모름지기 수	보리 보	끌 제(리)		참을 인	욕될 욕
波	羅	蜜	을	如	來	說	非	忍	辱	波
물결 파(바)	그물 라	꿀 밀		같을 여	올 래	말씀 설	아닐 비	참을 인	욕될 욕	물결 파(바)
羅	蜜	일새	是	名	忍	辱	波	羅	蜜	이니
그물 라	꿀 밀		이 시	이름 명	참을 인	욕될 욕	물결 파(바)	그물 라	꿀 밀	
何	以	故	오	須	菩	提	야	如	我	昔
어찌 하	써 이	연고 고		모름지기 수	보리 보	끌 제(리)		같을 여	나 아	옛 석

왜냐하면 수보리야, 여래가 말한 제일바라밀이란 곧 제일바라밀이 아니고
그 이름이 제일바라밀일 뿐이기 때문이니라.
수보리야, 인욕바라밀도 여래는 말하기를 '인욕바라밀이 아니고 그 이름이 인욕바라밀이다'라고 한다.
왜냐하면 수보리야,

爲	歌	利	王	에게	割	截	身	體	할새	我
될 **위**	노래 **가**	이로울 **리**	임금 **왕**		벨 **할**	끊을 **절**	몸 **신**	몸 **체**		나 **아**
於	爾	時	에	無	我	相	하며	無	人	相
어조사 **어**	너 **이**	때 **시**		없을 **무**	나 **아**	모양 **상**		없을 **무**	사람 **인**	모양 **상**
하며	無	衆	生	相	하며	無	壽	者	相	이니라
	없을 **무**	무리 **중**	날 **생**	모양 **상**		없을 **무**	목숨 **수**	것 **자**	모양 **상**	
何	以	故	오	我	於	往	昔	節	節	支
어찌 **하**	써 **이**	연고 **고**		나 **아**	어조사 **어**	갈 **왕**	옛 **석**	마디 **절**	마디 **절**	가를 **지**
解	時	에	若	有	我	相	人	相	衆	生
풀 **해**	때 **시**		만약 **약**	있을 **유**	나 **아**	모양 **상**	사람 **인**	모양 **상**	무리 **중**	날 **생**
相	壽	者	相	이면	應	生	瞋	恨	이리라	須
모양 **상**	목숨 **수**	것 **자**	모양 **상**		응당 **응**	날 **생**	성낼 **진**	한할 **한**		모름지기 **수**
菩	提	야	又	念	過	去	於	五	百	世
보리 **보**	끌 **제(리)**		또 **우**	생각할 **념**	지날 **과**	갈 **거**	어조사 **어**	다섯 **오**	일백 **백**	해 **세**

내가 옛날 가리왕에게 몸을 베이고 찢길 적에, 내가 그때에 나라는 상이 없었으며,
남이라는 상도 없었으며, 중생이라는 상도 없었으며, 수명에 대한 상도 없었노라.
왜냐하면 수보리야, 내가 옛날 팔과 다리가 마디마디 찢겨지고 무너질 때에
그때에 만약 나에게 나라는 상이나 남이라는 상이나 중생이라는 상이나 수명에 대한 상이 있었더라면,
반드시 분노의 불을 뿜고 원한을 품었으리라.
수보리야, 또 기억해 보니 여래가 과거에 오백 생 동안 인욕선인이 되었을 때가 있었노라.

에	作	忍	辱	仙	人	하야	於	爾	所	世
	지을 **작**	참을 **인**	욕될 **욕**	신선 **선**	사람 **인**		어조사 **어**	너 **이**	장소 **소**	세상 **세**
에	無	我	相	하며	無	人	相	하며	無	衆
	없을 **무**	나 **아**	모양 **상**		없을 **무**	사람 **인**	모양 **상**		없을 **무**	무리 **중**
生	相	하며	無	壽	者	相	이니라	是	故	로
날 **생**	모양 **상**		없을 **무**	목숨 **수**	것 **자**	모양 **상**		이 **시**	연고 **고**	
須	菩	提	야	菩	薩	은	應	離	一	切
모름지기 **수**	보리 **보**	끌 **제(리)**		보리 **보**	보살 **살**		응당 **응**	떠날 **리**	한 **일**	온통 **체**
相	하고	發	阿	耨	多	羅	三	藐	三	菩
모양 **상**		발할 **발**	언덕 **아**	김맬 **누(뇩)**	많을 **다**	그물 **라**	석 **삼**	아득할 **막(먁)**	석 **삼**	보리 **보**
提	心	이니	不	應	住	色	生	心	하며	不
끌 **제(리)**	마음 **심**		아니 **불**	응당 **응**	머물 **주**	빛 **색**	날 **생**	마음 **심**		아니 **불**
應	住	聲	香	味	觸	法	生	心	이요	應
응당 **응**	머물 **주**	소리 **성**	향기 **향**	맛 **미**	닿을 **촉**	법 **법**	날 **생**	마음 **심**		응당 **응**

그 세상에서도 나라는 상이 없었으며, 남이라는 상도 없었으며,
중생이라는 상도 없었으며, 수명에 대한 상도 없었느니라.
그러므로 수보리야, 보살은 반드시 일체의 상을 떠나서 최상의 깨달음에 대한 마음을 일으키도록 하라.
반드시 사물에 머물지 말고 마음을 내어야 하며,
반드시 소리나 향기나 맛이나 감촉이나 그 외에 어떤 것에도 머물지 말고 마음을 내어야 한다.

生	無	所	住	心	이니라	若	心	有	住	면
날 **생**	없을 **무**	바 **소**	머물 **주**	마음 **심**		만약 **약**	마음 **심**	있을 **유**	머물 **주**	
卽	爲	非	住	니라	是	故	로	佛	說	菩
곧 **즉**	될 **위**	아닐 **비**	머물 **주**		이 **시**	연고 **고**		부처 **불**	말씀 **설**	보리 **보**
薩	은	心	不	應	住	色	布	施	라 하나니라	須
보살 **살**		마음 **심**	아니 **불**	응당 **응**	머물 **주**	빛 **색**	보시 **보**	베풀 **시**		모름지기 **수**
菩	提	야	菩	薩	이	爲	利	益	一	切
보리 **보**	끌 **제(리)**		보리 **보**	보살 **살**		위할 **위**	이로울 **이**	더할 **익**	한 **일**	온통 **체**
衆	生	하야	應	如	是	布	施	니	如	來
무리 **중**	날 **생**		응당 **응**	같을 **여**	이 **시**	보시 **보**	베풀 **시**		같을 **여**	올 **래**
說	一	切	諸	相	이	卽	是	非	相	이며
말씀 **설**	한 **일**	온통 **체**	모두 **제**	모양 **상**		곧 **즉**	이 **시**	아닐 **비**	모양 **상**	
又	說	一	切	衆	生	이	卽	非	衆	生
또 **우**	말씀 **설**	한 **일**	온통 **체**	무리 **중**	날 **생**		곧 **즉**	아닐 **비**	무리 **중**	날 **생**

반드시 머무는 바 없는 마음을 내어야 한다.
만약 마음이 머무는 데가 있으면 곧 머물지 않는 것이 된다.
그러므로 여래는 말하기를 '보살은 마음이 반드시 사물에 머물지 말고 보시를 하라'고 하느니라.
수보리야, 보살은 일체 중생들의 이익을 위하여 반드시 이와 같이 보시를 해야 하느니라.
여래가 말한 일체의 모든 상은 곧 상이 아니며, 또 일체 중생도 중생이 아니니라.

이니라	須	菩	提	야	如	來	는	是	眞	語
	모름지기 수	보리 보	끌 제(리)		같을 여	올 래		이 시	참 진	말씀 어
者	며	實	語	者	며	如	語	者	며	不
사람 자		진실 실	말씀 어	사람 자		같을 여	말씀 어	사람 자		아니 불
誑	語	者	며	不	異	語	者	니라	須	菩
속일 광	말씀 어	사람 자		아니 불	다를 이	말씀 어	사람 자		모름지기 수	보리 보
提	야	如	來	所	得	法	은	此	法	이
끌 제(리)		같을 여	올 래	바 소	얻을 득	법 법		이 차	법 법	
無	實	無	虛	하니라	須	菩	提	야	若	菩
없을 무	진실 실	없을 무	빌 허		모름지기 수	보리 보	끌 제(리)		만약 약	보리 보
薩	이	心	住	於	法	하야	而	行	布	施
보살 살		마음 심	머물 주	어조사 어	법 법		말이을 이	행할 행	보시 보	베풀 시
하면	如	人	이	入	闇	에	卽	無	所	見
	같을 여	사람 인		들 입	어두울 암		곧 즉	없을 무	바 소	볼 견

수보리야, 여래는 참다운 말만 하는 사람이며, 사실만을 말하는 사람이며,
진리의 말만 하는 사람이며, 거짓말은 하지 않는 사람이며, 사실과 다른 말은 하지 않는 사람이다.
수보리야, 여래가 얻은 법은 실다움도 없고 헛됨도 없느니라.
수보리야, 만약 보살이 마음을 온갖 것에 머물러 보시하는 것은,
마치 사람이 어두운 곳에 들어가서 아무것도 볼 수 없는 것과 같다.

이요	若	菩	薩	이	心	不	住	法	하야	而
	만약 약	보리 보	보살 살		마음 심	아닐 부	머물 주	법 법		말이을 이
行	布	施	하면	如	人	이	有	目	하야	日
행할 행	보시 보	베풀 시		같을 여	사람 인		있을 유	눈 목		날 일
光	明	照	에	見	種	種	色	이니라	須	菩
빛 광	밝을 명	비출 조		볼 견	가지 종	가지 종	빛 색		모름지기 수	보리 보
提	야	當	來	之	世	에	若	有	善	男
끌 제(리)		당할 당	올 래	어조사 지	세상 세		만약 약	있을 유	착할 선	사내 남
子	善	女	人	이	能	於	此	經	에	受
아들 자	착할 선	여자 여	사람 인		능할 능	어조사 어	이 차	글 경		받을 수
持	讀	誦	하면	卽	爲	如	來	가	以	佛
가질 지	읽을 독	욀 송		곧 즉	될 위	같을 여	올 래		써 이	부처 불
智	慧	로	悉	知	是	人	하며	悉	見	是
지혜 지	지혜 혜		다 실	알 지	이 시	사람 인		다 실	볼 견	이 시

만약 보살이 마음을 온갖 것에 머물지 않고 보시하는 것은,
마치 사람에게 밝은 눈도 있고 햇빛도 밝게 비칠 적에
갖가지의 온갖 사물들을 분별하여 볼 수 있는 것과 같다.
수보리야, 다음 세상에서 만약 어떤 선남자 선여인이 능히 이 경을 받아 지니고 읽고 외우면,
곧 여래는 부처의 지혜로써 이 사람에 대하여 다 알며, 이 사람을 다 본다.

人	하야	皆	得	成	就	無	量	無	邊	功
사람 인		다 개	얻을 득	이룰 성	나아갈 취	없을 무	헤아릴 량	없을 무	가 변	공 공
德	하리라									
덕 덕										

持	經	功	德	分		第	十	五		
가질 지	글 경	공 공	덕 덕	나눌 분		차례 제	열 십	다섯 오		
須	菩	提	야	若	有	善	男	子	善	女
모름지기 수	보리 보	끌 제(리)		만약 약	있을 유	착할 선	사내 남	아들 자	착할 선	여자 여
人	이	初	日	分	에	以	恒	河	沙	等
사람 인		처음 초	날 일	나눌 분		써 이	항상 항	물 하	모래 사	같을 등
身	으로	布	施	하고	中	日	分	에	復	以
몸 신		보시 보	베풀 시		가운데 중	날 일	나눌 분		다시 부	써 이

이 사람은 한량없고 가없는 공덕을 남김없이 성취하리라."

제15분 경을 지니는 공덕

"수보리야, 만약 어떤 선남자 선여인이 오전에 항하의 모래 수와 같은 많은 몸으로 보시하고,

恒	河	沙	等	身	으로	布	施	하고	後	日
항상 **항**	물 **하**	모래 **사**	같을 **등**	몸 **신**		보시 **보**	베풀 **시**		뒤 **후**	날 **일**
分	에	亦	以	恒	河	沙	等	身	으로	布
나눌 **분**		또 **역**	써 **이**	항상 **항**	물 **하**	모래 **사**	같을 **등**	몸 **신**		보시 **보**
施	하야	如	是	無	量	百	千	萬	億	劫
베풀 **시**		같을 **여**	이 **시**	없을 **무**	헤아릴 **량**	일백 **백**	일천 **천**	일만 **만**	억 **억**	겁 **겁**
을	以	身	布	施	하여도	若	復	有	人	이
	써 **이**	몸 **신**	보시 **보**	베풀 **시**		만약 **약**	다시 **부**	있을 **유**	사람 **인**	
聞	此	經	典	하고	信	心	不	逆	하면	其
들을 **문**	이 **차**	글 **경**	법 **전**		믿을 **신**	마음 **심**	아니 **불**	거스릴 **역**		그 **기**
福	이	勝	彼	어늘	何	況	書	寫	受	持
복 **복**		수승할 **승**	저 **피**		어찌 **하**	하물며 **황**	글 **서**	베낄 **사**	받을 **수**	가질 **지**
讀	誦	하야	爲	人	解	說	이리오	須	菩	提
읽을 **독**	욀 **송**		위할 **위**	사람 **인**	풀 **해**	말씀 **설**		모름지기 **수**	보리 **보**	끌 **제(리)**

낮에 또 항하의 모래 수와 같은 몸으로 보시하며,
저녁에 또한 항하의 모래 수와 같이 많은 몸으로 보시해서,
이렇게 하기를 한량없는 백천만억 겁 동안 몸으로써 보시하더라도,
만약 다시 어떤 사람이 이 경전을 듣고 믿는 마음이 거슬리지 아니하면,
그 복은 앞의 복보다 훨씬 뛰어나느니라. 그런데 하물며 이 경전을 쓰고 출판하여,
받아 지니고 읽고 외워서 널리 여러 사람들에게 해설하여 주는 일이겠는가?

야	以	要	言	之	컨댄	是	經	은	有	不
	써 이	중요할 요	말씀 언	어조사 지		이 시	글 경		있을 유	아니 불
可	思	議	不	可	稱	量	無	邊	功	德
가히 가	생각할 사	의논할 의	아니 불	가히 가	일컬을 칭	헤아릴 량	없을 무	가 변	공 공	덕 덕
하니	如	來	爲	發	大	乘	者	說	이며	爲
	같을 여	올 래	위할 위	발할 발	큰 대	탈 승	사람 자	말씀 설		위할 위
發	最	上	乘	者	說	이니라	若	有	人	이
발할 발	가장 최	위 상	탈 승	사람 자	말씀 설		만약 약	있을 유	사람 인	
能	受	持	讀	誦	하야	廣	爲	人	說	하면
능할 능	받을 수	가질 지	읽을 독	욀 송		넓을 광	위할 위	사람 인	말씀 설	
如	來	가	悉	知	是	人	하며	悉	見	是
같을 여	올 래		다 실	알 지	이 시	사람 인		다 실	볼 견	이 시
人	하야	皆	得	成	就	不	可	量	不	可
사람 인		다 개	얻을 득	이룰 성	나아갈 취	아니 불	가히 가	헤아릴 량	아니 불	가히 가

수보리야, 요점만을 말한다면, 이 경은 상상할 수도 없고,
설명할 수도 없고, 끝도 없는 공덕이 있느니라.
여래가 대승의 마음을 낸 사람들을 위하여 이 경을 설하며,
최상승의 마음을 낸 사람을 위하여 이 경을 설하느니라.
만약 어떤 사람이 이 경을 받아 지니고, 읽고 외우며, 널리 많은 사람들을 위하여 설명한다면,
여래는 이 사람이 헤아릴 수 없고, 일컬을 수 없고, 끝도 없고,

稱	無	有	邊	不	可	思	議	功	德	하리니
일컬을 칭	없을 무	있을 유	가 변	아니 불	가히 가	생각할 사	의논할 의	공 공	덕 덕	
如	是	人	等	은	卽	爲	荷	擔	如	來
같을 여	이 시	사람 인	무리 등		곧 즉	될 위	멜 하	멜 담	같을 여	올 래
阿	耨	多	羅	三	藐	三	菩	提	니	何
언덕 아	김맬 누(녹)	많을 다	그물 라	석 삼	아득할 막(먁)	석 삼	보리 보	끌 제(리)		어찌 하
以	故	오	須	菩	提	야	若	樂	小	法
써 이	연고 고		모름지기 수	보리 보	끌 제(리)		만약 약	좋아할 요	작을 소	법 법
者	는	着	我	見	人	見	衆	生	見	壽
사람 자		붙을 착	나 아	견해 견	사람 인	견해 견	무리 중	날 생	견해 견	목숨 수
者	見	일새	卽	於	此	經	에	不	能	聽
것 자	견해 견		곧 즉	어조사 어	이 차	글 경		아니 불	능할 능	들을 청
受	讀	誦	하야	爲	人	解	說	하리라	須	菩
받을 수	읽을 독	욀 송		위할 위	사람 인	풀 해	말씀 설		모름지기 수	보리 보

상상할 수도 없는 공덕을 성취하였음을 모두 알고 모두 보노라.
이러한 사람들은 곧 여래의 최상의 깨달음을 온몸으로 짊어진 것이 된다.
왜냐하면 수보리야, 만약 작은 법을 좋아하는 사람은 나라는 소견,
남이라는 소견, 중생이라는 소견, 수명에 대한 소견에 집착하여
곧 이 경을 듣고, 받아들이거나 읽고 외우지 못하며,
다른 사람들을 위하여 설명하여 주지도 못할 것이기 때문이니라.

提	야	在	在	處	處	에	若	有	此	經
끌 제(리)		있을 재	있을 재	곳 처	곳 처		만약 약	있을 유	이 차	글 경
하면	一	切	世	間	天	人	阿	修	羅	의
	한 일	온통 체	세상 세	사이 간	하늘 천	사람 인	언덕 아	닦을 수	그물 라	
所	應	供	養	이니	當	知	此	處	는	卽
바 소	응당 응	이바지할 공	기를 양		마땅할 당	알 지	이 차	곳 처		곧 즉
爲	是	塔	이라	皆	應	恭	敬	作	禮	圍
될 위	이 시	탑 탑		모두 개	응당 응	공손할 공	공경할 경	지을 작	예절 례	둘레 위
繞	하야	以	諸	華	香	으로	而	散	其	處
두를 요		써 이	모두 제	꽃 화	향기 향		말이을 이	흩을 산	그 기	곳 처
하리라										

수보리야, 어떤 곳이든 만약 이 경전만 있으면
일체 세간의 천신들과 사람들과 아수라가 반드시 공양하여야 한다.
마땅히 알라. 이곳은 곧 부처님의 탑을 모신 곳이 된다.
모두들 반드시 공경하고 예배를 드리며
주위를 돌면서 여러 가지 꽃과 향으로 그곳을 장엄하여야 하느니라."

能	淨	業	障	分		第	十	六		
능할 능	깨끗할 정	업 업	막힐 장	나눌 분		차례 제	열 십	여섯 육		
復	次	須	菩	提	야	善	男	子	善	女
다시 부	버금 차	모름지기 수	보리 보	끌 제(리)		착할 선	사내 남	아들 자	착할 선	여자 여
人	이	受	持	讀	誦	此	經	하대	若	爲
사람 인		받을 수	가질 지	읽을 독	욀 송	이 차	글 경		만약 약	될 위
人	輕	賤	하면	是	人	은	先	世	罪	業
사람 인	가벼울 경	천할 천		이 시	사람 인		먼저 선	세상 세	허물 죄	업 업
으로	應	墮	惡	道	언마는	以	今	世	人	이
	응당 응	떨어질 타	악할 악	길 도		써 이	이제 금	세상 세	사람 인	
輕	賤	故	로	先	世	罪	業	이	卽	爲
가벼울 경	천할 천	연고 고		먼저 선	세상 세	허물 죄	업 업		곧 즉	될 위
消	滅	하고	當	得	阿	耨	多	羅	三	藐
꺼질 소	멸할 멸		마땅할 당	얻을 득	언덕 아	김맬 누(뇩)	많을 다	그물 라	석 삼	아득할 막(먁)

제16분 업장을 깨끗이 맑히다

"또 수보리야, 선남자 선여인이 이 경전을 받아 지니고 읽고 외우는데도,
만약 남에게 업신여김을 당한다면,
이 사람은 전생의 죄업으로 반드시 지옥이나 아귀나 축생에 떨어질 것이지만,
금생에 남에게 업신여김을 당함으로써 전생의 죄업이 곧바로 소멸하고
반드시 최상의 깨달음을 얻게 되느니라.

三	菩	提	하리라	須	菩	提	야	我	念	過
석 삼	보리 보	끌 제(리)		모름지기 수	보리 보	끌 제(리)		나 아	생각할 념	지날 과
去	無	量	阿	僧	祇	劫	하니	於	燃	燈
갈 거	없을 무	헤아릴 량	언덕 아	스님 승	다만 지	겁 겁		어조사 어	불탈 연	등불 등
佛	前	에	得	值	八	百	四	千	萬	億
부처 불	앞 전		얻을 득	만날 치	여덟 팔	일백 백	넉 사	일천 천	일만 만	억 억
那	由	他	諸	佛	하야	悉	皆	供	養	承
어찌 나	말미암을 유	다를 타	모두 제	부처 불		다 실	다 개	이바지할 공	기를 양	이을 승
事	하야	無	空	過	者	호라	若	復	有	人
섬길 사		없을 무	빌 공	지날 과	사람 자		만약 약	다시 부	있을 유	사람 인
이	於	後	末	世	에	能	受	持	讀	誦
	어조사 어	뒤 후	끝 말	세상 세		능할 능	받을 수	가질 지	읽을 독	욀 송
此	經	하면	所	得	功	德	이	於	我	所
이 차	글 경		바 소	얻을 득	공 공	덕 덕		어조사 어	나 아	바 소

수보리야, 내가 기억해 보니 과거 한량없는 아승지겁 전 연등부처님 이전에
팔백 사천만 억 나유타의 부처님을 만나 뵙고,
한 분도 빠짐없이 모두 다 공양을 올리고, 받들어 섬겼느니라.
만약 다시 또 어떤 사람이 앞으로 오는 말세에 이 경전을 받아 지니고 읽고 외운다면,
그가 얻은 공덕은

供	養	諸	佛	功	德	으로	百	分	不	及
이바지할 **공**	기를 **양**	모두 **제**	부처 **불**	공 **공**	덕 **덕**		일백 **백**	나눌 **분**	아니 **불**	미칠 **급**
一	이며	千	萬	億	分	乃	至	算	數	譬
한 **일**		일천 **천**	일만 **만**	억 **억**	나눌 **분**	이에 **내**	이를 **지**	셈할 **산**	셀 **수**	비유할 **비**
喩	로	所	不	能	及	이니라	須	菩	提	야
깨우칠 **유**		바 **소**	아니 **불**	능할 **능**	미칠 **급**		모름지기 **수**	보리 **보**	끌 **제(리)**	
若	善	男	子	善	女	人	이	於	後	末
만약 **약**	착할 **선**	사내 **남**	아들 **자**	착할 **선**	여자 **여**	사람 **인**		어조사 **어**	뒤 **후**	끝 **말**
世	에	有	受	持	讀	誦	此	經	하는	所
세상 **세**		있을 **유**	받을 **수**	가질 **지**	읽을 **독**	욀 **송**	이 **차**	글 **경**		바 **소**
得	功	德	을	我	若	具	說	者	면	或
얻을 **득**	공 **공**	덕 **덕**		나 **아**	만약 **약**	갖출 **구**	말씀 **설**	것 **자**		혹시 **혹**
有	人	이	聞	하고	心	卽	狂	亂	하야	狐
있을 **유**	사람 **인**		들을 **문**		마음 **심**	곧 **즉**	미칠 **광**	어지러울 **란**		의심할 **호**

내가 저 많은 부처님께 공양한 공덕으로는 백분의 일에도 미치지 못한다.
천만 억 분의 일에도 미치지 못하며, 어떤 산수와 비유로도 능히 미치지 못하느니라.
수보리야, 만약 선남자 선여인이 이 다음 말세에 이 경전을 받아 지니고 읽고 외우는 이가 있으면,
그가 얻은 공덕을 내가 만약 다 갖추어 말한다면,
어떤 사람은 그 말을 듣고 마음이 곧 미치고 어지러워져서 의심하며 믿지 아니할 것이다.

疑	不	信	하리니	須	菩	提	야	當	知	是
의심 의	아니 불	믿을 신		모름지기 수	보리 보	끌 제(리)		마땅할 당	알 지	이 시
經	은	義	도	不	可	思	議	며	果	報
글 경		뜻 의		아니 불	가히 가	생각할 사	의논할 의		열매 과	갚을 보
도	亦	不	可	思	議	니라				
	또 역	아니 불	가히 가	생각할 사	의논할 의					

究	竟	無	我	分		第	十	七		
궁구할 구	마칠 경	없을 무	나 아	나눌 분		차례 제	열 십	일곱 칠		
爾	時	에	須	菩	提	가	白	佛	言	하사대
너 이	때 시		모름지기 수	보리 보	끌 제(리)		아뢸 백	부처 불	말씀 언	
世	尊	이시여	善	男	子	善	女	人	이	發
세상 세	높을 존		착할 선	사내 남	아들 자	착할 선	여자 여	사람 인		발할 발

수보리야, 반드시 알라. 이 경의 뜻은 상상할 수가 없으며, 그 과보도 역시 상상할 수 없느니라."

제17분 철저히 아我가 없다

그때 수보리가 부처님께 사뢰었습니다. "세존이시여, 선남자 선여인이

阿	耨	多	羅	三	藐	三	菩	提	心	하니는
언덕 **아**	김맬 **누(녹)**	많을 **다**	그물 **라**	석 **삼**	아득할 **막(먁)**	석 **삼**	보리 **보**	끌 **제(리)**	마음 **심**	
云	何	應	住	며	云	何	降	伏	其	心
이를 **운**	어찌 **하**	응당 **응**	머물 **주**		이를 **운**	어찌 **하**	항복할 **항**	엎드릴 **복**	그 **기**	마음 **심**
하리이까	佛	告	須	菩	提	하사대	若	善	男	子
	부처 **불**	고할 **고**	모름지기 **수**	보리 **보**	끌 **제(리)**		만약 **약**	착할 **선**	사내 **남**	아들 **자**
善	女	人	이	發	阿	耨	多	羅	三	藐
착할 **선**	여자 **여**	사람 **인**		발할 **발**	언덕 **아**	김맬 **누(녹)**	많을 **다**	그물 **라**	석 **삼**	아득할 **막(먁)**
三	菩	提	心	者	는	當	生	如	是	心
석 **삼**	보리 **보**	끌 **제(리)**	마음 **심**	사람 **자**		마땅할 **당**	날 **생**	같을 **여**	이 **시**	마음 **심**
이니	我	應	滅	度	一	切	衆	生	하리라	滅
	나 **아**	응당 **응**	멸할 **멸**	제도 **도**	한 **일**	온통 **체**	무리 **중**	날 **생**		멸할 **멸**
度	一	切	衆	生	已	하야는	而	無	有	一
제도 **도**	한 **일**	온통 **체**	무리 **중**	날 **생**	그칠 **이**		말이을 **이**	없을 **무**	있을 **유**	한 **일**

최상의 깨달음에 대한 마음을 일으킨 이는 어떻게 머물며 그 마음을 어떻게 항복 받아야 합니까?"
부처님께서 수보리에게 말씀하셨습니다.
"만약 선남자 선여인이 최상의 깨달음에 대한 마음을 일으킨 이는
반드시 이와 같은 마음을 내어야 한다.
'나는 반드시 일체 중생들을 다 제도하노라. 그리고 일체 중생들을 다 제도하였으나

衆	生	도	實	滅	度	者	니라	何	以	故
무리 **중**	날 **생**		진실 **실**	멸할 **멸**	제도 **도**	사람 **자**		어찌 **하**	써 **이**	연고 **고**
오	須	菩	提	야	若	菩	薩	이	有	我
	모름지기 **수**	보리 **보**	끌 **제(리)**		만약 **약**	보리 **보**	보살 **살**		있을 **유**	나 **아**
相	人	相	衆	生	相	壽	者	相	이면	卽
모양 **상**	사람 **인**	모양 **상**	무리 **중**	날 **생**	모양 **상**	목숨 **수**	것 **자**	모양 **상**		곧 **즉**
非	菩	薩	이니라	所	以	者	何	오	須	菩
아닐 **비**	보리 **보**	보살 **살**		바 **소**	써 **이**	것 **자**	어찌 **하**		모름지기 **수**	보리 **보**
提	야	實	無	有	法	일새	發	阿	耨	多
끌 **제(리)**		진실 **실**	없을 **무**	있을 **유**	법 **법**		발할 **발**	언덕 **아**	김맬 **누(녹)**	많을 **다**
羅	三	藐	三	菩	提	心	者	니라	須	菩
그물 **라**	석 **삼**	아득할 **막(먁)**	석 **삼**	보리 **보**	끌 **제(리)**	마음 **심**	것 **자**		모름지기 **수**	보리 **보**
提	야	於	意	云	何	오	如	來	가	於
끌 **제(리)**		어조사 **어**	뜻 **의**	이를 **운**	어찌 **하**		같을 **여**	올 **래**		어조사 **어**

한 중생도 실은 제도한 것이 없노라'라고 하라.
왜냐하면 수보리야, 만약 보살이 나라는 상과 남이라는 상과
중생이라는 상과 수명에 대한 상이 있으면 곧 보살이 아니기 때문이니라.
왜냐하면 수보리야, 실로 고정된 법이 있어서 최상의 깨달음에 대한 마음을 낸 것이 아니기 때문이니라.
수보리야, 그대는 어떻게 생각하는가?

燃	燈	佛	所	에	有	法	하야	得	阿	耨
불탈 연	등불 등	부처 불	장소 소		있을 유	법 법		얻을 득	언덕 아	김맬 누(뇩)
多	羅	三	藐	三	菩	提	不	아	不	也
많을 다	그물 라	석 삼	아득할 막(먁)	석 삼	보리 보	끌 제(리)	아닐 부		아니 불	어조사 야
니이다	世	尊	이시여	如	我	解	佛	所	說	義
	세상 세	높을 존		같을 여	나 아	알 해	부처 불	바 소	말씀 설	뜻 의
컨댄	佛	이	於	燃	燈	佛	所	에	無	有
	부처 불		어조사 어	불탈 연	등불 등	부처 불	장소 소		없을 무	있을 유
法	하야	得	阿	耨	多	羅	三	藐	三	菩
법 법		얻을 득	언덕 아	김맬 누(뇩)	많을 다	그물 라	석 삼	아득할 막(먁)	석 삼	보리 보
提	하니이다	佛	言	하사대	如	是	如	是	하다	須
끌 제(리)		부처 불	말씀 언		같을 여	이 시	같을 여	이 시		모름지기 수
菩	提	야	實	無	有	法	일새	如	來	得
보리 보	끌 제(리)		진실 실	없을 무	있을 유	법 법		같을 여	올 래	얻을 득

여래가 연등 부처님의 처소에서 어떤 고정된 법이 있어서 최상의 깨달음을 얻었는가?"
"아닙니다. 세존이시여, 제가 부처님께서 말씀하신 뜻을 이해하기에는
부처님께서 연등 부처님의 처소에서 어떤 고정된 법이 있어서 최상의 깨달음을 얻는 것이 아닙니다."
부처님께서 말씀하셨습니다.
"사실 그러하니라, 수보리야. 실로 어떤 고정된 법이 있어서

阿	耨	多	羅	三	藐	三	菩	提	니라	須
언덕 아	김맬 누(뇩)	많을 다	그물 라	석 삼	아득할 막(먁)	석 삼	보리 보	끌 제(리)		모름지기 수
菩	提	야	若	有	法	하야	如	來	得	阿
보리 보	끌 제(리)		만약 약	있을 유	법 법		같을 여	올 래	얻을 득	언덕 아
耨	多	羅	三	藐	三	菩	提	者	인댄	燃
김맬 누(뇩)	많을 다	그물 라	석 삼	아득할 막(먁)	석 삼	보리 보	끌 제(리)	것 자		불탈 연
燈	佛	이	卽	不	與	我	授	記	하사대	汝
등불 등	부처 불		곧 즉	아니 불	줄 여	나 아	줄 수	기록할 기		너 여
於	來	世	에	當	得	作	佛	하리니	號	釋
어조사 어	올 내	세상 세		마땅할 당	얻을 득	지을 작	부처 불		이름 호	해석할 석
迦	牟	尼	라 하시니라	以	實	無	有	法	일새	得
막을 가	소우는소리 모	스님 니		써 이	진실 실	없을 무	있을 유	법 법		얻을 득
阿	耨	多	羅	三	藐	三	菩	提	니	是
언덕 아	김맬 누(뇩)	많을 다	그물 라	석 삼	아득할 막(먁)	석 삼	보리 보	끌 제(리)		이 시

여래가 최상의 깨달음을 얻은 것이 아니니라.
수보리야, 만약 어떤 고정된 법이 있어서 여래가 최상의 깨달음을 얻은 것이라면,
연등 부처님께서는 결코 나에게 '그대는 다음 세상에 반드시 부처를 이루고
이름을 ＜석가모니＞라고 하리라'라는 수기를 주시지 않으셨을 것이다.
실로 어떤 고정된 법이 있어서 최상의 깨달음을 얻은 것이 아니다.

故	로	燃	燈	佛	이	與	我	授	記	하사
연고 **고**		불탈 **연**	등불 **등**	부처 **불**		줄 **여**	나 **아**	줄 **수**	기록할 **기**	
作	是	言	하사대	汝	於	來	世	에	當	得
지을 **작**	이 **시**	말씀 **언**		너 **여**	어조사 **어**	올 **내**	세상 **세**		마땅할 **당**	얻을 **득**
作	佛	하야	號	釋	迦	牟	尼	라하시니	何	以
지을 **작**	부처 **불**		이름 **호**	해석할 **석**	막을 **가**	소우는소리 **모**	스님 **니**		어찌 **하**	써 **이**
故	오	如	來	者	는	卽	諸	法	에	如
연고 **고**		같을 **여**	올 **래**	것 **자**		곧 **즉**	모두 **제**	법 **법**		같을 **여**
義	니라	若	有	人	이	言	하대	如	來	가
뜻 **의**		만약 **약**	있을 **유**	사람 **인**		말씀 **언**		같을 **여**	올 **래**	
得	阿	耨	多	羅	三	藐	三	菩	提	라하면
얻을 **득**	언덕 **아**	김맬 **누(뇩)**	많을 **다**	그물 **라**	석 **삼**	아득할 **막(먁)**	석 **삼**	보리 **보**	끌 **제(리)**	
須	菩	提	야	實	無	有	法	일새	佛	得
모름지기 **수**	보리 **보**	끌 **제(리)**		진실 **실**	없을 **무**	있을 **유**	법 **법**		부처 **불**	얻을 **득**

그래서 연등 부처님께서는 나에게 수기를 주시며 말씀하시기를
'그대는 이다음 세상에 반드시 부처를 이루리니 그 이름을 <석가모니>라고 하리라'라고 하셨느니라.
왜냐하면 여래라고 하는 것은 모든 법이 여여하다는 뜻이기 때문이니라.
만약 어떤 사람이 '여래는 최상의 깨달음을 얻었다'라고 말하더라도
수보리야, 실로 고정된 법이 있어서 부처님이 최상의 깨달음을 얻은 것이 아니다.

阿	耨	多	羅	三	藐	三	菩	提	니라	須
언덕 아	김맬 누(뇩)	많을 다	그물 라	석 삼	아득할 막(먁)	석 삼	보리 보	끌 제(리)		모름지기 수
菩	提	야	如	來	所	得	阿	耨	多	羅
보리 보	끌 제(리)		같을 여	올 래	바 소	얻을 득	언덕 아	김맬 누(뇩)	많을 다	그물 라
三	藐	三	菩	提	는	於	是	中	에	無
석 삼	아득할 막(먁)	석 삼	보리 보	끌 제(리)		어조사 어	이 시	가운데 중		없을 무
實	無	虛	하니라	是	故	로	如	來	說	一
진실 실	없을 무	빌 허		이 시	연고 고		같을 여	올 래	말씀 설	한 일
切	法	이	皆	是	佛	法	이라 하노라	須	菩	提
온통 체	법 법		다 개	이 시	부처 불	법 법		모름지기 수	보리 보	끌 제(리)
야	所	言	一	切	法	者	는	卽	非	一
	바 소	말씀 언	한 일	온통 체	법 법	것 자		곧 즉	아닐 비	한 일
切	法	일새	是	故	로	名	一	切	法	이니라
온통 체	법 법		이 시	연고 고		이름 명	한 일	온통 체	법 법	

수보리야, 여래가 얻은 최상의 깨달음은 여기에 실다움도 없고 헛됨도 없느니라.
그러므로 여래가 말하기를 '일체 법이 모두 다 불법이다'라고 하느니라.
수보리야, 이른바 일체 법이라는 것은 곧 일체 법이 아니다. 그러므로 그 이름이 일체 법이니라.

須	菩	提	야	譬	如	人	身	長	大	니라
모름지기 **수**	보리 **보**	끌 **제(리)**		비유할 **비**	같을 **여**	사람 **인**	몸 **신**	길 **장**	큰 **대**	
須	菩	提	言	하사대	世	尊	이시여	如	來	說
모름지기 **수**	보리 **보**	끌 **제(리)**	말씀 **언**		세상 **세**	높을 **존**		같을 **여**	올 **래**	말씀 **설**
人	身	長	大	는	卽	爲	非	大	身	일새
사람 **인**	몸 **신**	길 **장**	큰 **대**		곧 **즉**	될 **위**	아닐 **비**	큰 **대**	몸 **신**	
是	名	大	身	이니이다	須	菩	提	야	菩	薩
이 **시**	이름 **명**	큰 **대**	몸 **신**		모름지기 **수**	보리 **보**	끌 **제(리)**		보리 **보**	보살 **살**
도	亦	如	是	하야	若	作	是	言	하대	我
	또 **역**	같을 **여**	이 **시**		만약 **약**	지을 **작**	이 **시**	말씀 **언**		나 **아**
當	滅	度	無	量	衆	生	이라하면	卽	不	名
마땅할 **당**	멸할 **멸**	제도 **도**	없을 **무**	헤아릴 **량**	무리 **중**	날 **생**		곧 **즉**	아니 **불**	이름 **명**
菩	薩	이니	何	以	故	오	須	菩	提	야
보리 **보**	보살 **살**		어찌 **하**	써 **이**	연고 **고**		모름지기 **수**	보리 **보**	끌 **제(리)**	

수보리야, 비유하자면 사람의 몸이 아주 큰 것과 같으니라."

수보리가 사뢰었습니다.

"세존이시여, 여래께서 말씀하신 사람의 몸이 아주 크다는 것도 곧 큰 몸이 아니고
그 이름이 큰 몸일 뿐입니다."

"수보리야, 보살도 이와 같아야 하나니, 만약 '나는 한량없이 많은 중생들을 제도하노라'고 말한다면
이는 곧 보살이라고 이름할 수 없느니라. 왜냐하면 수보리야,

實	無	有	法	을	名	爲	菩	薩	이니	是
진실 **실**	없을 **무**	있을 **유**	법 **법**		이름 **명**	할 **위**	보리 **보**	보살 **살**		이 **시**
故	로	佛	說	一	切	法	이	無	我	無
연고 **고**		부처 **불**	말씀 **설**	한 **일**	온통 **체**	법 **법**		없을 **무**	나 **아**	없을 **무**
人	無	衆	生	無	壽	者	라하노라	須	菩	提
사람 **인**	없을 **무**	무리 **중**	날 **생**	없을 **무**	목숨 **수**	것 **자**		모름지기 **수**	보리 **보**	끌 **제(리)**
야	若	菩	薩	이	作	是	言	하대	我	當
	만약 **약**	보리 **보**	보살 **살**		지을 **작**	이 **시**	말씀 **언**		나 **아**	마땅할 **당**
莊	嚴	佛	土	라하면	是	不	名	菩	薩	이니
꾸밀 **장**	꾸밀 **엄**	부처 **불**	흙 **토**		이 **시**	아니 **불**	이름 **명**	보리 **보**	보살 **살**	
何	以	故	오	如	來	說	莊	嚴	佛	土
어찌 **하**	써 **이**	연고 **고**		같을 **여**	올 **래**	말씀 **설**	꾸밀 **장**	꾸밀 **엄**	부처 **불**	흙 **토**
者	는	卽	非	莊	嚴	일새	是	名	莊	嚴
것 **자**		곧 **즉**	아닐 **비**	꾸밀 **장**	꾸밀 **엄**		이 **시**	이름 **명**	꾸밀 **장**	꾸밀 **엄**

실로 어떤 고정된 법이 있어서 이를 보살이라고 이름하는 것이 아니기 때문이니라.
그러므로 여래가 말하기를 '일체 법이 나도 없고, 남도 없고, 중생도 없고, 수명도 없다'고 하느니라.
수보리야, 만약 보살이 말하기를 '나는 반드시 세상을 장엄하노라'라고 한다면
이는 보살이라고 이름할 수 없느니라.
왜냐하면 여래가 말하는 세상을 장엄한다는 것은 곧 장엄이 아니고,
그 이름이 장엄일 뿐이기 때문이니라.

이니라	須	菩	提	야	若	菩	薩	이	通	達
	모름지기 수	보리 보	끌 제(리)		만약 약	보리 보	보살 살		통할 통	통할 달
無	我	法	者	인대는	如	來	가	說	名	眞
없을 무	나 아	법 법	사람 자		같을 여	올 래		말씀 설	이름 명	참 진
是	菩	薩	이니라							
이 시	보리 보	보살 살								

一	體	同	觀	分		第	十	八		
한 일	몸 체	한가지 동	볼 관	나눌 분		차례 제	열 십	여덟 팔		
須	菩	提	야	於	意	云	何	오	如	來
모름지기 수	보리 보	끌 제(리)		어조사 어	뜻 의	이를 운	어찌 하		같을 여	올 래
가	有	肉	眼	不	아	如	是	니이다	世	尊
	있을 유	고기 육	눈 안	아닐 부		같을 여	이 시		세상 세	높을 존

수보리야, 만약 보살이 무아의 이치를 통달하였다면,
여래는 이 사람을 '진정한 보살'이라고 이름하느니라."

제18분 한 몸으로 동일하게 보다

"수보리야, 그대는 어떻게 생각하는가? 여래가 육안이 있는가?"
"그렇습니다, 세존이시여. 여래께서 육안이 있으십니다."

이시여	如	來	有	肉	眼	이니이다	須	菩	提	야
	같을 여	올 래	있을 유	고기 육	눈 안		모름지기 수	보리 보	끌 제(리)	
於	意	云	何	오	如	來	가	有	天	眼
어조사 어	뜻 의	이를 운	어찌 하		같을 여	올 래		있을 유	하늘 천	눈 안
不	아	如	是	니이다	世	尊	이시여	如	來	가
아닐 부		같을 여	이 시		세상 세	높을 존		같을 여	올 래	
有	天	眼	이니이다	須	菩	提	야	於	意	云
있을 유	하늘 천	눈 안		모름지기 수	보리 보	끌 제(리)		어조사 어	뜻 의	이를 운
何	오	如	來	가	有	慧	眼	不	아	如
어찌 하		같을 여	올 래		있을 유	지혜 혜	눈 안	아닐 부		같을 여
是	니이다	世	尊	이시여	如	來	有	慧	眼	이니이다
이 시		세상 세	높을 존		같을 여	올 래	있을 유	지혜 혜	눈 안	
須	菩	提	야	於	意	云	何	오	如	來
모름지기 수	보리 보	끌 제(리)		어조사 어	뜻 의	이를 운	어찌 하		같을 여	올 래

"수보리야, 그대는 어떻게 생각하는가? 여래가 천안이 있는가?"
"그렇습니다, 세존이시여. 여래께서 천안이 있으십니다."
"수보리야, 그대는 어떻게 생각하는가? 여래가 혜안이 있는가?"
"그렇습니다, 세존이시여. 여래께서 혜안이 있으십니다."
"수보리야, 그대는 어떻게 생각하는가? 여래가 법안이 있는가?"

有	法	眼	不	아	如	是	니이다	世	尊	이시여
있을 유	법 법	눈 안	아닐 부		같을 여	이 시		세상 세	높을 존	
如	來	有	法	眼	이니이다	須	菩	提	야	於
같을 여	올 래	있을 유	법 법	눈 안		모름지기 수	보리 보	끌 제(리)		어조사 어
意	云	何	오	如	來	有	佛	眼	不	아
뜻 의	이를 운	어찌 하		같을 여	올 래	있을 유	부처 불	눈 안	아닐 부	
如	是	니이다	世	尊	이시여	如	來	有	佛	眼
같을 여	이 시		세상 세	높을 존		같을 여	올 래	있을 유	부처 불	눈 안
이니이다	須	菩	提	야	於	意	云	何	오	如
	모름지기 수	보리 보	끌 제(리)		어조사 어	뜻 의	이를 운	어찌 하		같을 여
恒	河	中	所	有	沙	를	佛	說	是	沙
항상 항	물 하	가운데 중	바 소	있을 유	모래 사		부처 불	말씀 설	이 시	모래 사
不	아	如	是	니이다	世	尊	이시여	如	來	說
아닐 부		같을 여	이 시		세상 세	높을 존		같을 여	올 래	말씀 설

"그렇습니다, 세존이시여. 여래께서 법안이 있으십니다."
"수보리야, 그대는 어떻게 생각하는가? 여래가 불안이 있는가?"
"그렇습니다, 세존이시여. 여래께서 불안이 있으십니다."
"수보리야, 그대는 어떻게 생각하는가? 저 항하의 모래에 대해서 여래가 말한 적이 있는가?"
"그렇습니다, 세존이시여. 여래께서는 그 모래에 대해서 말씀하셨습니다."

是	沙	니이다	須	菩	提	야	於	意	云	何
이 시	모래 사		모름지기 수	보리 보	끌 제(리)		어조사 어	뜻 의	이를 운	어찌 하
오	如	一	恒	河	中	所	有	沙	하야	有
	같을 여	한 일	항상 항	물 하	가운데 중	바 소	있을 유	모래 사		있을 유
如	是	沙	等	恒	河	어든	是	諸	恒	河
같을 여	이 시	모래 사	무리 등	항상 항	물 하		이 시	모두 제	항상 항	물 하
의	所	有	沙	數	인	佛	世	界	가	如
	바 소	있을 유	모래 사	셀 수		부처 불	세상 세	경계 계		같을 여
是	하면	寧	爲	多	不	아	甚	多	니이다	世
이 시		어찌 영	할 위	많을 다	아닐 부		심할 심	많을 다		세상 세
尊	이시여	佛	告	須	菩	提	하사대	爾	所	國
높을 존		부처 불	고할 고	모름지기 수	보리 보	끌 제(리)		그 이	바 소	나라 국
土	中	所	有	衆	生	의	若	干	種	心
흙 토	가운데 중	바 소	있을 유	무리 중	날 생		같을 약	방패 간	가지 종	마음 심

"수보리야, 그대는 어떻게 생각하는가? 예컨대 저 하나의 항하에 있는 모래들,
그 모래 수와 같이 많은 항하가 또 있고, 그 모든 항하의 전체의 모래 수와 같은 세계가 있을 경우,
이러한 것을 참으로 많다고 하겠는가?"
"대단히 많습니다, 세존이시여."
부처님께서 수보리에게 말씀하셨습니다.
"그처럼 많은 세계 가운데 있는 모든 중생들의 갖가지 마음들을 여래는 모두 다 아느니라.

을	如	來	가	悉	知	하나니	何	以	故	오
	같을 여	올 래		다 실	알 지		어찌 하	써 이	연고 고	
如	來	說	諸	心	이	皆	爲	非	心	일새
같을 여	올 래	말씀 설	모두 제	마음 심		다 개	할 위	아닐 비	마음 심	
是	名	爲	心	이니라	所	以	者	何	오	須
이 시	이름 명	할 위	마음 심		바 소	써 이	것 자	어찌 하		모름지기 수
菩	提	야	過	去	心	도	不	可	得	이며
보리 보	끌 제(리)		지날 과	갈 거	마음 심		아니 불	가히 가	얻을 득	
現	在	心	도	不	可	得	이며	未	來	心
지금 현	있을 재	마음 심		아니 불	가히 가	얻을 득		아닐 미	올 래	마음 심
도	不	可	得	이니라						
	아니 불	가히 가	얻을 득							

왜냐하면 여래가 말하는 모든 마음은 다 마음이 아니라 그 이름이 마음일 뿐이기 때문이니라.
왜냐하면 수보리야, 과거의 마음도 찾을 수 없고, 현재의 마음도 찾을 수 없고,
미래의 마음도 찾을 수 없기 때문이니라."

法	界	通	化	分		第	十	九		
법 **법**	경계할 **계**	통할 **통**	교화 **화**	나눌 **분**		차례 **제**	열 **십**	아홉 **구**		
須	菩	提	야	於	意	云	何	오	若	有
모름지기 **수**	보리 **보**	끌 **제(리)**		어조사 **어**	뜻 **의**	이를 **운**	어찌 **하**		만약 **약**	있을 **유**
人	이	滿	三	千	大	千	世	界	七	寶
사람 **인**		찰 **만**	석 **삼**	일천 **천**	큰 **대**	일천 **천**	세상 **세**	경계 **계**	일곱 **칠**	보배 **보**
로	以	用	布	施	하면	是	人	이	以	是
	써 **이**	쓸 **용**	보시 **보**	베풀 **시**		이 **시**	사람 **인**		써 **이**	이 **시**
因	緣	으로	得	福	多	不	아	如	是	니이다
인할 **인**	인연 **연**		얻을 **득**	복 **복**	많을 **다**	아닐 **부**		같을 **여**	이 **시**	
世	尊	이시여	此	人	이	以	是	因	緣	으로
세상 **세**	높을 **존**		이 **차**	사람 **인**		써 **이**	이 **시**	인할 **인**	인연 **연**	
得	福	이	甚	多	니이다	須	菩	提	야	若
얻을 **득**	복 **복**		심할 **심**	많을 **다**		모름지기 **수**	보리 **보**	끌 **제(리)**		만약 **약**

제19분 법계를 모두 교화하다

"수보리야, 그대는 어떻게 생각하는가?
만약 어떤 사람이 삼천대천세계에 가득한 금은보화를 가지고 널리 보시한다면
이 사람이 이 인연으로 얻은 복이 많겠는가?"
"그렇습니다, 세존이시여. 이 사람은 이 인연으로 얻은 복이 매우 많습니다."

福	德	이	有	實	인댄	如	來	가	不	說
복 복	덕 덕		있을 유	진실 실		같을 여	올 래		아니 불	말씀 설
得	福	德	多	언마는	以	福	德	이	無	故
얻을 득	복 복	덕 덕	많을 다		써 이	복 복	덕 덕		없을 무	연고 고
로	如	來	가	說	得	福	德	多	니라	
	같을 여	올 래		말씀 설	얻을 득	복 복	덕 덕	많을 다		

離	色	離	相	分		第	二	十		
떠날 이	빛 색	떠날 이	모양 상	나눌 분		차례 제	두 이	열 십		
須	菩	提	야	於	意	云	何	오	佛	을
모름지기 수	보리 보	끌 제(리)		어조사 어	뜻 의	이를 운	어찌 하		부처 불	
可	以	具	足	色	身	으로	見	不	아	不
가히 가	써 이	갖출 구	만족할 족	빛 색	몸 신		볼 견	아닐 부		아니 불

“수보리야, 만약 복덕이 그 실체가 있는 것이라면 여래가 ‘복덕을 얻는 것이 많다’고 말하지 않을 것이다. 복덕이 본래 없으므로 여래가 ‘복덕을 얻는 것이 많다’고 말하느니라.”

제20분 사물도 떠나고 형상도 떠나다

“수보리야, 그대는 어떻게 생각하는가? 잘 갖춰진 육신의 모습으로써 부처님이라고 볼 수 있겠는가?”

也	니이다	世	尊	이시여	如	來	를	不	應	以
어조사 야		세상 세	높을 존		같을 여	올 래		아니 불	응당 응	써 이
具	足	色	身	으로	見	이니	何	以	故	오
갖출 구	만족할 족	빛 색	몸 신		볼 견		어찌 하	써 이	연고 고	
如	來	說	具	足	色	身	은	卽	非	具
같을 여	올 래	말씀 설	갖출 구	만족할 족	빛 색	몸 신		곧 즉	아닐 비	갖출 구
足	色	身	일새	是	名	具	足	色	身	이니이다
만족할 족	빛 색	몸 신		이 시	이름 명	갖출 구	만족할 족	빛 색	몸 신	
須	菩	提	야	於	意	云	何	오	如	來
모름지기 수	보리 보	끌 제(리)		어조사 어	뜻 의	이를 운	어찌 하		같을 여	올 래
를	可	以	具	足	諸	相	으로	見	不	아
	가히 가	써 이	갖출 구	만족할 족	모두 제	모양 상		볼 견	아닐 부	
不	也	니이다	世	尊	이시여	如	來	를	不	應
아니 불	어조사 야		세상 세	높을 존		같을 여	올 래		아니 불	응당 응

“아닙니다, 세존이시여. 잘 갖춰진 육신의 모습으로써 반드시 여래라고 볼 수는 없습니다.
왜냐하면 여래께서 말씀하신 잘 갖춰진 육신의 모습은 곧 잘 갖춰진 육신의 모습이 아니라
그 이름이 잘 갖춰진 육신의 모습일 뿐이기 때문입니다.”
“수보리야, 그대는 어떻게 생각하는가?
여러 가지 상호를 잘 갖추고 있는 것으로 여래라고 볼 수 있겠는가?”
“아닙니다, 세존이시여. 여러 가지 상호를 잘 갖추고 있는 것으로 반드시 여래라고 볼 수는 없습니다.

以	具	足	諸	相	으로	見	이니	何	以	故
써 이	갖출 구	만족할 족	모두 제	모양 상		볼 견		어찌 하	써 이	연고 고
오	如	來	說	諸	相	具	足	이	卽	非
	같을 여	올 래	말씀 설	모두 제	모양 상	갖출 구	만족할 족		곧 즉	아닐 비
具	足	일새	是	名	諸	相	具	足	이니이다	
갖출 구	만족할 족		이 시	이름 명	모두 제	모양 상	갖출 구	만족할 족		

非	說	所	說	分		第	二	十	一	
아닐 비	말씀 설	바 소	말씀 설	나눌 분		차례 제	두 이	열 십	한 일	
須	菩	提	야	汝	勿	謂	如	來	作	是
모름지기 수	보리 보	끌 제(리)		너 여	말 물	이를 위	같을 여	올 래	지을 작	이 시
念	하대	我	當	有	所	說	法	이라하라	莫	作
생각할 념		나 아	마땅할 당	있을 유	바 소	말씀 설	법 법		말 막	지을 작

왜냐하면 여래께서 말씀하신 여러 가지 상호를 잘 갖추고 있다는 것은, 곧 여러 가지 상호를 잘 갖추고 있는 것이 아닙니다. 그 이름이 여러 가지 상호를 잘 갖추고 있는 것일 뿐이기 때문입니다."

제21분 말도 말할 것도 없다

"수보리야, 그대는 이러한 말을 하지 말라.
'여래는 스스로 〈나는 반드시 설법한 것이 있다〉라고 생각할 것이다'라고 하지 말라.

是	念	이니	何	以	故	오	若	人	이	言
이 **시**	생각할 **념**		어찌 **하**	써 **이**	연고 **고**		만약 **약**	사람 **인**		말씀 **언**
如	來	有	所	說	法	이라하면	卽	爲	謗	佛
같을 **여**	올 **래**	있을 **유**	바 **소**	말씀 **설**	법 **법**		곧 **즉**	될 **위**	헐뜯을 **방**	부처 **불**
이니	不	能	解	我	所	說	故	니라	須	菩
	아니 **불**	능할 **능**	알 **해**	나 **아**	바 **소**	말씀 **설**	연고 **고**		모름지기 **수**	보리 **보**
提	야	說	法	者	는	無	法	可	說	이
끌 **제(리)**		말씀 **설**	법 **법**	것 **자**		없을 **무**	법 **법**	가히 **가**	말씀 **설**	
是	名	說	法	이니이다	爾	時	에	慧	命	須
이 **시**	이름 **명**	말씀 **설**	법 **법**		그 **이**	때 **시**		지혜 **혜**	목숨 **명**	모름지기 **수**
菩	提	가	白	佛	言	하사대	世	尊	이시여	頗
보리 **보**	끌 **제(리)**		아뢸 **백**	부처 **불**	말씀 **언**		세상 **세**	높을 **존**		자못 **파**
有	衆	生	이	於	未	來	世	에	聞	說
있을 **유**	무리 **중**	날 **생**		어조사 **어**	아닐 **미**	올 **래**	세상 **세**		들을 **문**	말씀 **설**

왜냐하면 만약 어떤 사람이 말하기를 '여래는 설법이 있다'라고 한다면,
이것은 곧 부처님을 비방하는 것이 되며, 내가 말한 것을 전혀 이해하지 못하는 것이 되기 때문이다.
수보리야, 설법한다는 것은 설할 수 있는 법이 없고, 그 이름이 설법일 뿐이니라."
그때 지혜를 생명으로 삼는 수보리가 부처님께 사뢰었습니다.
"세존이시여, 매우 많은 중생들이 이 다음 세상에

是	法	하고	生	信	心	不	이까	佛	言	須
이 시	법 법		날 생	믿을 신	마음 심	아닐 부		부처 불	말씀 언	모름지기 수
菩	提	야	彼	非	衆	生	이며	非	不	衆
보리 보	끌 제(리)		저 피	아닐 비	무리 중	날 생		아닐 비	아닐 불	무리 중
生	이니	何	以	故	오	須	菩	提	야	衆
날 생		어찌 하	써 이	연고 고		모름지기 수	보리 보	끌 제(리)		무리 중
生	衆	生	者	는	如	來	說	非	衆	生
날 생	무리 중	날 생	것 자		같을 여	올 래	말씀 설	아닐 비	무리 중	날 생
일새	是	名	衆	生	이니라					
	이 시	이름 명	무리 중	날 생						

無	法	可	得	分		第	二	十	二	
없을 무	법 법	가히 가	얻을 득	나눌 분		차례 제	두 이	열 십	두 이	

이러한 도리를 설명하는 것을 들으면 믿는 마음이 나겠습니까?"
부처님께서 말씀하셨습니다. "수보리야, 그들은 중생이 아니며 중생이 아님도 아니다.
왜냐하면 수보리야 중생, 중생 하는 것도 여래는 말하기를
'중생이 아니라 그 이름이 중생일 뿐이다'라고 하기 때문이니라."

제22분 법은 얻을 수 없다

須	菩	提	가	白	佛	言	하사대	世	尊	이시여
모름지기 **수**	보리 **보**	끌 **제(리)**		아뢸 **백**	부처 **불**	말씀 **언**		세상 **세**	높을 **존**	
佛	이	得	阿	耨	多	羅	三	藐	三	菩
부처 **불**		얻을 **득**	언덕 **아**	김맬 **누(뇩)**	많을 **다**	그물 **라**	석 **삼**	아득할 **막(먁)**	석 **삼**	보리 **보**
提	하대	爲	無	所	得	耶	니라	佛	言	하사대
끌 **제(리)**		할 **위**	없을 **무**	바 **소**	얻을 **득**	어조사 **야**		부처 **불**	말씀 **언**	
如	是	如	是	하니라	須	菩	提	야	我	於
같을 **여**	이 **시**	같을 **여**	이 **시**		모름지기 **수**	보리 **보**	끌 **제(리)**		나 **아**	어조사 **어**
阿	耨	多	羅	三	藐	三	菩	提	에	乃
언덕 **아**	김맬 **누(뇩)**	많을 **다**	그물 **라**	석 **삼**	아득할 **막(먁)**	석 **삼**	보리 **보**	끌 **제(리)**		이에 **내**
至	無	有	少	法	可	得	일새	是	名	阿
이를 **지**	없을 **무**	있을 **유**	적을 **소**	법 **법**	가히 **가**	얻을 **득**		이 **시**	이름 **명**	언덕 **아**
耨	多	羅	三	藐	三	菩	提	니라		
김맬 **누(뇩)**	많을 **다**	그물 **라**	석 **삼**	아득할 **막(먁)**	석 **삼**	보리 **보**	끌 **제(리)**			

수보리가 부처님께 사뢰었습니다.
"세존이시여, 부처님께서 최상의 깨달음을 얻으신 것은, 얻은 바가 없다고 할 수 있습니까?"
부처님께서 말씀하셨습니다.
"사실 그러하니라, 수보리야. 나의 최상의 깨달음에 대해서는 아주 작은 어떤 것도 얻은 바가 없다.
다만 그 이름이 최상의 깨달음일 뿐이니라."

淨	心	行	善	分		第	二	十	三	
깨끗할 정	마음 심	행할 행	착할 선	나눌 분		차례 제	두 이	열 십	석 삼	
復	次	須	菩	提	야	是	法	이	平	等
다시 부	버금 차	모름지기 수	보리 보	끌 제(리)		이 시	법 법		평평할 평	등급 등
하야	無	有	高	下	일새	是	名	阿	耨	多
	없을 무	있을 유	높을 고	아래 하		이 시	이름 명	언덕 아	김맬 누(녹)	많을 다
羅	三	藐	三	菩	提	니	以	無	我	無
그물 라	석 삼	아득할 막(먁)	석 삼	보리 보	끌 제(리)		써 이	없을 무	나 아	없을 무
人	無	衆	生	無	壽	者	로	修	一	切
사람 인	없을 무	무리 중	날 생	없을 무	목숨 수	것 자		닦을 수	한 일	온통 체
善	法	하면	卽	得	阿	耨	多	羅	三	藐
착할 선	법 법		곧 즉	얻을 득	언덕 아	김맬 누(녹)	많을 다	그물 라	석 삼	아득할 막(먁)
三	菩	提	하나니라	須	菩	提	야	所	言	善
석 삼	보리 보	끌 제(리)		모름지기 수	보리 보	끌 제(리)		바 소	말씀 언	착할 선

제23분 텅 빈 마음으로 선행을 하다

"또 수보리야, 이 도리는 평등해서 높고 낮음이 없다.

이것이 이름이 최상의 깨달음이다. 나도 없고, 남도 없고, 중생도 없고, 수명도 없는 경지에서

여러 가지 선법을 닦으면 곧 최상의 깨달음을 얻으리라.

수보리야, 이른바 선법이라는 것은

法	者	는	如	來	說	卽	非	善	法	일새
법 **법**	것 **자**		같을 **여**	올 **래**	말씀 **설**	곧 **즉**	아닐 **비**	착할 **선**	법 **법**	
是	名	善	法	이니라						
이 **시**	이름 **명**	착할 **선**	법 **법**							

福	智	無	比	分		第	二	十	四	
복 **복**	지혜 **지**	없을 **무**	견줄 **비**	나눌 **분**		차례 **제**	두 **이**	열 **십**	넉 **사**	
須	菩	提	야	若	三	千	大	千	世	界
모름지기 **수**	보리 **보**	끌 **제(리)**		만약 **약**	석 **삼**	일천 **천**	큰 **대**	일천 **천**	세상 **세**	경계 **계**
中	에	所	有	諸	須	彌	山	王	하야	如
가운데 **중**		바 **소**	있을 **유**	모두 **제**	모름지기 **수**	두루 **미**	뫼 **산**	임금 **왕**		같을 **여**
是	等	七	寶	聚	로	有	人	이	持	用
이 **시**	무리 **등**	일곱 **칠**	보배 **보**	모일 **취**		있을 **유**	사람 **인**		가질 **지**	쓸 **용**

여래가 말하기를 '곧 선법이 아니고 그 이름이 선법이다'라고 하니라."

제24분 복과 지혜는 비교할 수 없다

"수보리야, 예컨대 삼천대천세계에 있는 산 중에서 제일 큰 산인
수미산만 한 금은보화의 무더기를 가지고 만약 어떤 사람이 널리 보시하였다 하자.

布	施	하야도	若	人	이	以	此	般	若	波
보시 보	베풀 시		만약 약	사람 인		써 이	이 차	일반 반	반야 야	물결 파(바)
羅	蜜	經	에서	乃	至	四	句	偈	等	이라도
그물 라	꿀 밀	글 경		이에 내	이를 지	넉 사	글귀 구	노래 게	무리 등	
受	持	讀	誦	하고	爲	他	人	說	하면	於
받을 수	가질 지	읽을 독	욀 송		위할 위	다를 타	사람 인	말씀 설		어조사 어
前	福	德	으론	百	分	에	不	及	一	이며
앞 전	복 복	덕 덕		일백 백	나눌 분		아니 불	미칠 급	한 일	
百	千	萬	億	分	과	乃	至	算	數	譬
일백 백	일천 천	일만 만	억 억	나눌 분		이에 내	이를 지	셈할 산	셀 수	비유할 비
喩	로	所	不	能	及	이니라				
깨우칠 유		바 소	아니 불	능할 능	미칠 급					

그리고 또 다른 어떤 사람은 이 반야바라밀경에서 네 글귀의 게송만이라도
받아 가지고, 읽고 외우고, 남을 위해 해설하여 준다면,
앞의 금은보화로써 보시한 복덕으로는 백분의 일에도 미치지 못하며,
백천만억분의 일에도 미치지 못하며, 어떤 산수와 비유로도 미치지 못하느니라."

化	無	所	化	分		第	二	十	五	
교화 화	없을 무	바 소	교화 화	나눌 분		차례 제	두 이	열 십	다섯 오	
須	菩	提	야	於	意	云	何	오	汝	等
모름지기 수	보리 보	끌 제(리)		어조사 어	뜻 의	이를 운	어찌 하		너 여	무리 등
은	勿	謂	如	來	가	作	是	念	하대	我
	말 물	이를 위	같을 여	올 래		지을 작	이 시	생각 념		나 아
當	度	衆	生	이라하라	須	菩	提	야	莫	作
마땅할 당	제도 도	무리 중	날 생		모름지기 수	보리 보	끌 제(리)		말 막	지을 작
是	念	이니	何	以	故	오	實	無	有	衆
이 시	생각 념		어찌 하	써 이	연고 고		진실 실	없을 무	있을 유	무리 중
生	을	如	來	度	者	니	若	有	衆	生
날 생		같을 여	올 래	제도 도	것 자		만약 약	있을 유	무리 중	날 생
을	如	來	度	者	인댄	如	來	가	卽	有
	같을 여	올 래	제도 도	것 자		같을 여	올 래		곧 즉	있을 유

제25분 교화하되 교화하는 바가 없다

"수보리야, 그대는 어떻게 생각하는가?
그대들은 여래가 '나는 반드시 중생들을 제도한다'라고 생각하리라는 말을 하지 말라.
수보리야, 그런 것은 생각도 하지 말라.
왜냐하면 실은 중생이 있어서 여래가 제도하는 것이 아니기 때문이다.
만약 중생이 있어서 여래가 제도한다면,

我	人	衆	生	壽	者	니라	須	菩	提	야
나 아	사람 인	무리 중	날 생	목숨 수	것 자		모름지기 수	보리 보	끌 제(리)	
如	來	說	有	我	者	는	卽	非	有	我
같을 여	올 래	말씀 설	있을 유	나 아	것 자		곧 즉	아닐 비	있을 유	나 아
언마는	而	凡	夫	之	人	이	以	爲	有	我
	말이을 이	무릇 범	사내 부	어조사 지	사람 인		써 이	할 위	있을 유	나 아
라 하나니라	須	菩	提	야	凡	夫	者	는	如	來
	모름지기 수	보리 보	끌 제(리)		무릇 범	사내 부	것 자		같을 여	올 래
說	卽	非	凡	夫	일새	是	名	凡	夫	니라
말씀 설	곧 즉	아닐 비	무릇 범	사내 부		이 시	이름 명	무릇 범	사내 부	

法	身	非	相	分		第	二	十	六	
법 법	몸 신	아닐 비	모양 상	나눌 분		차례 제	두 이	열 십	여섯 육	

여래가 곧 나와 남과 중생과 수명이 있는 것이니라.
수보리야, 여래가 말하는 '내가 있다'고 하는 것은 곧 내가 있는 것이 아닌데
범부들이 내가 있다고 여기기 때문이니라.
수보리야, 범부라는 것도 여래가 말하기를 '범부가 아니다. 그 이름이 범부일 뿐이다'라고 하였느니라."

제26분 법신은 형상이 아니다

須	菩	提	야	於	意	云	何	오	可	以
모름지기 수	보리 보	끌 제(리)		어조사 어	뜻 의	이를 운	어찌 하		가히 가	써 이
三	十	二	相	으로	觀	如	來	不	아	須
석 삼	열 십	두 이	모양 상		볼 관	같을 여	올 래	아닐 부		모름지기 수
菩	提	言	하사대	如	是	如	是	하나이다	以	三
보리 보	끌 제(리)	말씀 언		같을 여	이 시	같을 여	이 시		써 이	석 삼
十	二	相	으로	觀	如	來	니이다	佛	言	하사대
열 십	두 이	모양 상		볼 관	같을 여	올 래		부처 불	말씀 언	
須	菩	提	야	若	以	三	十	二	相	으로
모름지기 수	보리 보	끌 제(리)		만약 약	써 이	석 삼	열 십	두 이	모양 상	
觀	如	來	者	인댄	轉	輪	聖	王	도	卽
볼 관	같을 여	올 래	것 자		구를 전	바퀴 륜	성인 성	임금 왕		곧 즉
是	如	來	리라	須	菩	提	가	白	佛	言
이 시	같을 여	올 래		모름지기 수	보리 보	끌 제(리)		아뢸 백	부처 불	말씀 언

"수보리야, 그대는 어떻게 생각하는가?
서른두 가지의 남다른 모습으로써 여래라고 미루어 볼 수 있겠는가?" 수보리가 사뢰었습니다.
"예, 그렇습니다. 서른두 가지의 남다른 모습으로써 여래라고 미루어 볼 수 있습니다."
부처님께서 말씀하셨습니다. "만약 서른두 가지의 남다른 모습으로써 여래라고 미루어 볼 수 있다면
전륜성왕도 곧 여래라 하겠구나?"
수보리가 부처님께 사뢰었습니다.

하사대	世	尊	이시여	如	我	解	佛	所	說	義
	세상 세	높을 존		같을 여	나 아	알 해	부처 불	바 소	말씀 설	뜻 의
컨댄	不	應	以	三	十	二	相	으로	觀	如
	아니 불	응당 응	써 이	석 삼	열 십	두 이	모양 상		볼 관	같을 여
來	니이다	爾	時	에	世	尊	이	而	說	偈
올 래		그 이	때 시		세상 세	높을 존		말이을 이	말씀 설	노래 게
言	하사대									
말씀 언										
	若	以	色	見	我	어나				
	만약 약	써 이	빛 색	볼 견	나 아					
	以	音	聲	求	我	하면				
	써 이	소리 음	소리 성	구할 구	나 아					
	是	人	行	邪	道	라				
	이 시	사람 인	행할 행	삿될 사	길 도					

"세존이시여, 제가 부처님께서 말씀하신 뜻을 이해하기에는
반드시 서른두 가지의 남다른 모습으로써 여래라고 미루어 볼 수 없겠습니다."
그때 세존께서 게송으로 말씀하셨습니다.
"만약 육신으로써 나를 보려 하거나, 음성으로써 나를 찾으려면
이 사람은 잘못된 길을 가는 것이다. 결코 여래는 볼 수 없으리라."

	不	能	見	如	來	니라				
	아니 불	능할 능	볼 견	같을 여	올 래					

無	斷	無	滅	分		第	二	十	七	
없을 무	끊을 단	없을 무	멸할 멸	나눌 분		차례 제	두 이	열 십	일곱 칠	
須	菩	提	야	汝	若	作	是	念	하대	如
모름지기 수	보리 보	끌 제(리)		너 여	만약 약	지을 작	이 시	생각 념		같을 여
來	가	不	以	具	足	相	故	로	得	阿
올 래		아니 불	써 이	갖출 구	만족할 족	모양 상	연고 고		얻을 득	언덕 아
耨	多	羅	三	藐	三	菩	提	아	須	菩
김맬 누(녹)	많을 다	그물 라	석 삼	아득할 막(먁)	석 삼	보리 보	끌 제(리)		모름지기 수	보리 보
提	야	莫	作	是	念	하대	如	來	不	以
끌 제(리)		말 막	지을 작	이 시	생각 념		같을 여	올 래	아니 불	써 이

제27분 아주 없는 것이 아니다

"수보리야, 그대가 혹 생각하기를
'여래는 잘 갖춰진 상호를 마음에 두지 않았기 때문에 최상의 깨달음을 얻었다'라고 하지 않는가?
수보리야, 그러한 생각을 하지 말라.

具	足	相	故	로	得	阿	耨	多	羅	三
갖출 **구**	만족할 **족**	모양 **상**	연고 **고**		얻을 **득**	언덕 **아**	김맬 **누(뇩)**	많을 **다**	그물 **라**	석 **삼**
藐	三	菩	提	라하라	須	菩	提	야	汝	若
아득할 **막(먁)**	석 **삼**	보리 **보**	끌 **제(리)**		모름지기 **수**	보리 **보**	끌 **제(리)**		너 **여**	만약 **약**
作	是	念	하대	發	阿	耨	多	羅	三	藐
지을 **작**	이 **시**	생각 **념**		발할 **발**	언덕 **아**	김맬 **누(뇩)**	많을 **다**	그물 **라**	석 **삼**	아득할 **막(먁)**
三	菩	提	心	者	는	說	諸	法	斷	滅
석 **삼**	보리 **보**	끌 **제(리)**	마음 **심**	사람 **자**		말씀 **설**	모두 **제**	법 **법**	끊을 **단**	멸할 **멸**
가	莫	作	是	念	이니	何	以	故	오	發
	말 **막**	지을 **작**	이 **시**	생각 **념**		어찌 **하**	써 **이**	연고 **고**		발할 **발**
阿	耨	多	羅	三	藐	三	菩	提	心	者
언덕 **아**	김맬 **누(뇩)**	많을 **다**	그물 **라**	석 **삼**	아득할 **막(먁)**	석 **삼**	보리 **보**	끌 **제(리)**	마음 **심**	사람 **자**
는	於	法	에	不	說	斷	滅	相	이니라	
	어조사 **어**	법 **법**		아니 **불**	말씀 **설**	끊을 **단**	멸할 **멸**	모양 **상**		

'여래는 잘 갖춰진 상호를 마음에 두지 않았기 때문에 최상의 깨달음을 얻었다'라고 하지 말라.
수보리야, 그대가 만약 생각하기를,
'최상의 깨달음에 대한 마음을 일으킨 사람은 모든 것이 아주 없다고 말한다'라고 하는가?
그런 생각을 하지 말라.
왜냐하면 최상의 깨달음에 대한 마음을 일으킨 사람은
모든 것이 아주 없다고 말하지 않기 때문이니라."

不	受	不	貪	分		第	二	十	八	
아니 불	받을 수	아니 불	탐낼 탐	나눌 분		차례 제	두 이	열 십	여덟 팔	
須	菩	提	야	若	菩	薩	이	以	滿	恒
모름지기 수	보리 보	끌 제(리)		만약 약	보리 보	보살 살		써 이	찰 만	항상 항
河	沙	等	世	界	七	寶	로	持	用	布
물 하	모래 사	같을 등	세상 세	경계 계	일곱 칠	보배 보		가질 지	쓸 용	보시 보
施	하야도	若	復	有	人	이	知	一	切	法
베풀 시		만약 약	다시 부	있을 유	사람 인		알 지	한 일	온통 체	법 법
에	無	我	하야	得	成	於	忍	하면	此	菩
	없을 무	나 아		얻을 득	이룰 성	어조사 어	참을 인		이 차	보리 보
薩	이	勝	前	菩	薩	의	所	得	功	德
보살 살		수승할 승	앞 전	보리 보	보살 살		바 소	얻을 득	공 공	덕 덕
이니	何	以	故	오	須	菩	提	야	以	諸
	어찌 하	써 이	연고 고		모름지기 수	보리 보	끌 제(리)		써 이	모두 제

제28분 누리지 않고 탐하지 않는다

"수보리야, 만약 어떤 보살이
항하의 모래 수와 같이 많은 세계에 가득 찬 금은보화로써 널리 보시한 이가 있고,
또 어떤 사람은 모든 존재의 무아의 도리를 알아서 그 숨은 이치를 깨달으면
이 보살이 얻은 공덕은 앞의 보살이 얻은 공덕보다 훨씬 뛰어나리라.
왜냐하면 수보리야,

菩	薩	은	不	受	福	德	故	니라	須	菩
보리 **보**	보살 **살**		아니 **불**	받을 **수**	복 **복**	덕 **덕**	연고 **고**		모름지기 **수**	보리 **보**
提	가	白	佛	言	하사대	世	尊	이시여	云	何
끌 **제(리)**		아뢸 **백**	부처 **불**	말씀 **언**		세상 **세**	높을 **존**		이를 **운**	어찌 **하**
菩	薩	이	不	受	福	德	이니까	須	菩	提
보리 **보**	보살 **살**		아니 **불**	받을 **수**	복 **복**	덕 **덕**		모름지기 **수**	보리 **보**	끌 **제(리)**
야	菩	薩	은	所	作	福	德	에	不	應
	보리 **보**	보살 **살**		바 **소**	지을 **작**	복 **복**	덕 **덕**		아니 **불**	응당 **응**
貪	着	일새	是	故	로	說	不	受	福	德
탐낼 **탐**	붙을 **착**		이 **시**	연고 **고**		말씀 **설**	아니 **불**	받을 **수**	복 **복**	덕 **덕**
이니라										

모든 보살들은 복덕을 누리지 않기 때문이니라."
수보리가 부처님께 사뢰었습니다.
"세존이시여, 어찌하여 보살이 복덕을 누리지 않습니까?"
"수보리야, 보살은 자신이 지은 복덕을 반드시 탐하거나 집착하지 않기 때문이다.
그러므로 '복덕을 누리지 않는다'고 말하느니라."

威	儀	寂	靜	分		第	二	十	九	
위엄 위	모양 의	고요할 적	고요할 정	나눌 분		차례 제	두 이	열 십	아홉 구	
須	菩	提	야	若	有	人	言	하대	如	來
모름지기 수	보리 보	끌 제(리)		만약 약	있을 유	사람 인	말씀 언		같을 여	올 래
가	若	來	若	去	若	坐	若	臥	라하면	是
	및 약	올 래	및 약	갈 거	및 약	앉을 좌	및 약	엎드릴 와		이 시
人	은	不	解	我	所	說	義	니	何	以
사람 인		아니 불	알 해	나 아	바 소	말씀 설	뜻 의		어찌 하	써 이
故	오	如	來	者	는	無	所	從	來	며
연고 고		같을 여	올 래	것 자		없을 무	바 소	좇을 종	올 래	
亦	無	所	去	일새	故	名	如	來	니라	
또 역	없을 무	바 소	갈 거		연고 고	이름 명	같을 여	올 래		

제29분 위의가 조용하다

"수보리야, 만약 어떤 사람이 말하기를 '여래가 혹 온다거나, 간다거나, 앉는다거나, 눕는다'라고 하면 이 사람은 내가 말한 이치를 이해하지 못한 사람이니라.

왜냐하면 여래는 어디로부터 오는 것도 아니며, 또한 어디로 가는 것도 아니기 때문이다.

그러므로 '그렇게 오다'라고 부른다."

一	合	理	相	分		第	三	十		
한 일	합할 합	이치 이	모양 상	나눌 분		차례 제	석 삼	열 십		
須	菩	提	야	若	善	男	子	善	女	人
모름지기 수	보리 보	끌 제(리)		만약 약	착할 선	사내 남	아들 자	착할 선	여자 여	사람 인
이	以	三	千	大	千	世	界	로	碎	爲
	써 이	석 삼	일천 천	큰 대	일천 천	세상 세	경계 계		부술 쇄	될 위
微	塵	하면	於	意	云	何	오	是	微	塵
작을 미	티끌 진		어조사 어	뜻 의	이를 운	어찌 하		이 시	작을 미	티끌 진
衆	이	寧	爲	多	不	아	須	菩	提	言
무리 중		어찌 영	할 위	많을 다	아닐 부		모름지기 수	보리 보	끌 제(리)	말씀 언
하사대	甚	多	니이다	世	尊	이시여	何	以	故	오
	심할 심	많을 다		세상 세	높을 존		어찌 하	써 이	연고 고	
若	是	微	塵	衆	이	實	有	者	인댄	佛
만약 약	이 시	작을 미	티끌 진	무리 중		진실 실	있을 유	것 자		부처 불

제30분 하나로 된 이치의 모습

"수보리야, 만약 선남자 선여인이 삼천대천세계를 부수어 아주 작은 먼지를 만들었다면 그대는 어떻게 생각하는가? 이 작은 먼지들이 얼마나 많겠는가?"

수보리가 말씀드렸다.

"매우 많습니다, 세존이시여. 왜냐하면 만약 이 작은 먼지들이 진실로 있는 것이라면

이	卽	不	說	是	微	塵	衆	이니	所	以
	곧 즉	아니 불	말씀 설	이 시	작을 미	티끌 진	무리 중		바 소	써 이
者	何	오	佛	說	微	塵	衆	이	卽	非
것 자	어찌 하		부처 불	말씀 설	작을 미	티끌 진	무리 중		곧 즉	아닐 비
微	塵	衆	일새	是	名	微	塵	衆	이니이다	世
작을 미	티끌 진	무리 중		이 시	이름 명	작을 미	티끌 진	무리 중		세상 세
尊	이시여	如	來	所	說	三	千	大	千	世
높을 존		같을 여	올 래	바 소	말씀 설	석 삼	일천 천	큰 대	일천 천	세상 세
界	가	卽	非	世	界	일새	是	名	世	界
경계 계		곧 즉	아닐 비	세상 세	경계 계		이 시	이름 명	세상 세	경계 계
니이다	何	以	故	오	若	世	界	가	實	有
	어찌 하	써 이	연고 고		만약 약	세상 세	경계 계		진실 실	있을 유
者	인댄	卽	是	一	合	相	이니이다	如	來	說
것 자		곧 즉	이 시	한 일	합할 합	모양 상		같을 여	올 래	말씀 설

부처님께서는 곧 작은 먼지들에 대하여 말씀하시지 않으셨을 것이기 때문입니다.
왜냐하면 부처님께서 말씀하시는 작은 먼지들은 곧 작은 먼지들이 아니고,
그 이름이 작은 먼지들이기 때문입니다.
세존이시여, 여래께서 말씀하신 삼천대천세계도 곧 세계가 아니고, 그 이름이 세계일 뿐입니다.
왜냐하면 만약 세계가 진실로 존재하는 것이라면 그것은 곧 하나로 된 모습입니다.
여래께서 말씀하시는 하나로 된 모습이란

一	合	相	은	卽	非	一	合	相	일새	是
한 일	합할 합	모양 상		곧 즉	아닐 비	한 일	합할 합	모양 상		이 시
名	一	合	相	이니이다	須	菩	提	야	一	合
이름 명	한 일	합할 합	모양 상		모름지기 수	보리 보	끌 제(리)		한 일	합할 합
相	者	는	卽	是	不	可	說	이어늘	但	凡
모양 상	것 자		곧 즉	이 시	아니 불	가히 가	말씀 설		다만 단	무릇 범
夫	之	人	이	貪	着	其	事	니라		
사내 부	어조사 지	사람 인		탐낼 탐	붙을 착	그 기	일 사			

知	見	不	生	分		第	三	十	一	
알 지	볼 견	아니 불	날 생	나눌 분		차례 제	석 삼	열 십	한 일	
須	菩	提	야	若	人	이	言	하대	佛	說
모름지기 수	보리 보	끌 제(리)		만약 약	사람 인		말씀 언		부처 불	말씀 설

곧 하나로 된 모습이 아니고 그 이름이 하나로 된 모습일 뿐이기 때문입니다."
"수보리야, 그 하나로 된 모습이라는 것은 실은 이야기할 수 없는 것인데
다만 범부들이 그것에 대하여 탐하고 집착하기 때문이니라."

제31분 지견을 내지 않는다

"수보리야, 만약 어떤 사람이 말하기를

我	見	人	見	衆	生	見	壽	者	見	이라하면
나 아	견해 견	사람 인	견해 견	무리 중	날 생	견해 견	목숨 수	것 자	견해 견	
須	菩	提	야	於	意	云	何	오	是	人
모름지기 수	보리 보	끌 제(리)		어조사 어	뜻 의	이를 운	어찌 하		이 시	사람 인
이	解	我	所	說	義	不	아	不	也	니이다
	알 해	나 아	바 소	말씀 설	뜻 의	아닐 부		아니 불	어조사 야	
世	尊	이시여	是	人	이	不	解	如	來	所
세상 세	높을 존		이 시	사람 인		아니 불	알 해	같을 여	올 래	바 소
說	義	니	何	以	故	오	世	尊	이	說
말씀 설	뜻 의		어찌 하	써 이	연고 고		세상 세	높을 존		말씀 설
我	見	人	見	衆	生	見	壽	者	見	은
나 아	견해 견	사람 인	견해 견	무리 중	날 생	견해 견	목숨 수	것 자	견해 견	
卽	非	我	見	人	見	衆	生	見	壽	者
곧 즉	아닐 비	나 아	견해 견	사람 인	견해 견	무리 중	날 생	견해 견	목숨 수	것 자

‘여래가 나라는 지견과 남이라는 지견과 중생이라는 지견과 수명에 대한 지견을 말하더라’고 한다면, 수보리야, 그대는 어떻게 생각하는가? 이 사람은 내가 말한 이치를 제대로 이해한 것인가?”

“아닙니다, 세존이시여. 이 사람은 여래께서 말씀하신 이치를 이해하지 못하였습니다.

왜냐하면 세존께서 말씀하신 나라는 지견과 남이라는 지견과 중생이라는 지견과 수명에 대한 지견은, 곧 나라는 지견과 남이라는 지견과 중생이라는 지견과 수명에 대한 지견이 아닙니다.

見	일새	是	名	我	見	人	見	衆	生	見
견해 견		이 시	이름 명	나 아	견해 견	사람 인	견해 견	무리 중	날 생	견해 견
壽	者	見	이니이다	須	菩	提	야	發	阿	耨
목숨 수	것 자	견해 견		모름지기 수	보리 보	끌 제(리)		발할 발	언덕 아	김맬 누(녹)
多	羅	三	藐	三	菩	提	心	者	는	於
많을 다	그물 라	석 삼	아득할 막(먁)	석 삼	보리 보	끌 제(리)	마음 심	사람 자		어조사 어
一	切	法	에	應	如	是	知	하며	如	是
한 일	온통 체	법 법		응당 응	같을 여	이 시	알 지		같을 여	이 시
見	하며	如	是	信	解	하야	不	生	法	相
볼 견		같을 여	이 시	믿을 신	알 해		아니 불	날 생	법 법	모양 상
이니라	須	菩	提	야	所	言	法	相	者	는
	모름지기 수	보리 보	끌 제(리)		바 소	말씀 언	법 법	모양 상	것 자	
如	來	說	卽	非	法	相	일새	是	名	法
같을 여	올 래	말씀 설	곧 즉	아닐 비	법 법	모양 상		이 시	이름 명	법 법

그 이름이 나라는 지견과 남이라는 지견과 중생이라는 지견과 수명에 대한 지견일 뿐입니다."
"수보리야, 최상의 깨달음에 대한 마음을 일으킨 사람은
모든 존재에 대하여 반드시 이와 같이 알아야 하며, 이와 같이 보아야 하며,
이와 같이 믿고 이해해서 존재에 대한 상이 나지 않아야 한다.
수보리야, 존재에 대한 상이란 여래는 곧 존재에 대한 상이 아니고
그 이름이 존재에 대한 상이라고 말할 뿐이니라."

相	이니라									
모양 상										

應	化	非	眞	分		第	三	十	二	
응할 응	화할 화	아닐 비	참 진	나눌 분		차례 제	석 삼	열 십	두 이	
須	菩	提	야	若	有	人	이	以	滿	無
모름지기 수	보리 보	끌 제(리)		만약 약	있을 유	사람 인		써 이	찰 만	없을 무
量	阿	僧	祇	世	界	七	寶	로	持	用
헤아릴 량	언덕 아	스님 승	다만 지	세상 세	경계 계	일곱 칠	보배 보		가질 지	쓸 용
布	施	하야도	若	有	善	男	子	善	女	人
보시 보	베풀 시		만약 약	있을 유	착할 선	사내 남	아들 자	착할 선	여자 여	사람 인
이	發	菩	薩	心	者	가	持	於	此	經
	발할 발	보리 보	보살 살	마음 심	것 자		가질 지	어조사 어	이 차	글 경

제32분 응·화신은 진신이 아니다

"수보리야, 만약 어떤 사람이
한량없는 아승지 세계에 가득 찬 금은보화를 가지고 널리 보시한 이가 있고,
만약 또 다른 어떤 선남자선 여인이 있어서 보살의 마음을 내어 이 경전을 가지고

하야	乃	至	四	句	偈	等	을	受	持	讀
	이에 내	이를 지	넉 사	글귀 구	노래 게	무리 등		받을 수	가질 지	읽을 독
誦	하야	爲	人	演	說	하면	其	福	이	勝
욀 송		위할 위	사람 인	펼 연	말씀 설		그 기	복 복		수승할 승
彼	하리라	云	何	爲	人	演	說	고	不	取
저 피		이를 운	어찌 하	위할 위	사람 인	펼 연	말씀 설		아니 불	취할 취
於	相	하야	如	如	不	動	이니라	何	以	故
어조사 어	모양 상		같을 여	같을 여	아닐 부	움직일 동		어찌 하	써 이	연고 고
오										
	一	切	有	爲	法	이				
	한 일	온통 체	있을 유	할 위	법 법					
	如	夢	幻	泡	影	하며				
	같을 여	꿈 몽	헛보일 환	거품 포	그림자 영					

네 글귀만이라도 받아 지니고 읽고 외워서 다른 이를 위해서 설명하여 준다면,
그 복이 앞의 복보다 훨씬 뛰어나리라.
어떻게 하는 것이 '남을 위하여 설명하여 주는 것'인가?
상에 끌려 다니지 않고 여여하여 동요하지 않는 것이니라. 왜냐하면,
모든 작위가 있는 것은
마치 꿈같고, 환영 같고, 물거품 같고, 그림자 같고,

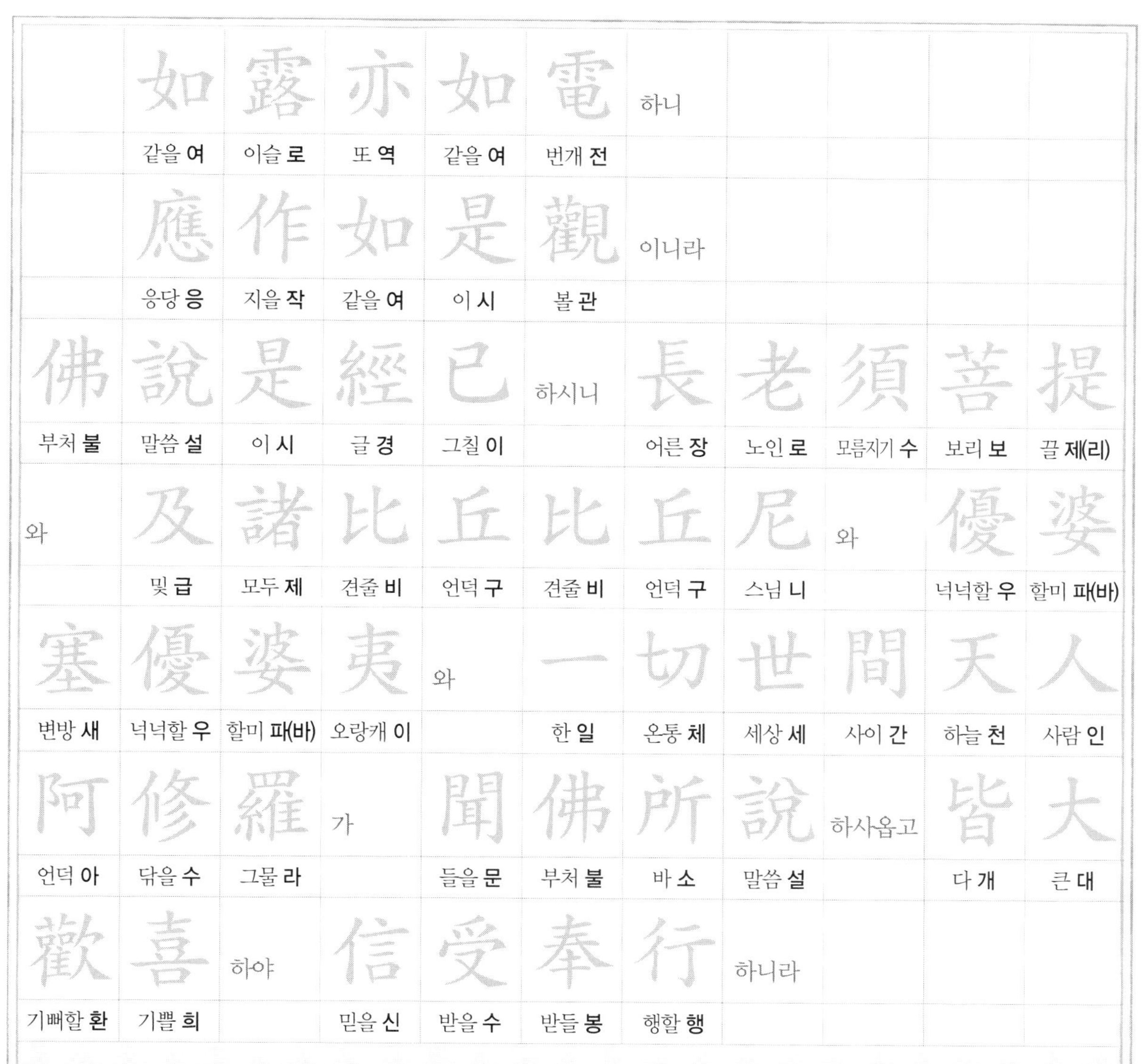

	如	露	亦	如	電	하니				
	같을 여	이슬 로	또 역	같을 여	번개 전					
	應	作	如	是	觀	이니라				
	응당 응	지을 작	같을 여	이 시	볼 관					
佛	說	是	經	已	하시니	長	老	須	菩	提
부처 불	말씀 설	이 시	글 경	그칠 이		어른 장	노인 로	모름지기 수	보리 보	끌 제(리)
와	及	諸	比	丘	比	丘	尼	와	優	婆
	및 급	모두 제	견줄 비	언덕 구	견줄 비	언덕 구	스님 니		넉넉할 우	할미 파(바)
塞	優	婆	夷	와	一	切	世	間	天	人
변방 새	넉넉할 우	할미 파(바)	오랑캐 이		한 일	온통 체	세상 세	사이 간	하늘 천	사람 인
阿	修	羅	가	聞	佛	所	說	하사옵고	皆	大
언덕 아	닦을 수	그물 라		들을 문	부처 불	바 소	말씀 설		다 개	큰 대
歡	喜	하야	信	受	奉	行	하니라			
기뻐할 환	기쁠 희		믿을 신	받을 수	받들 봉	행할 행				

이슬 같고, 번개 같으니
반드시 이와 같이 관찰하도록 하라."
부처님께서 이 경을 다 말씀하여 마치시니 덕이 높으신 수보리 존자와 여러 비구 비구니와
우바새 우바이와 일체 세간의 천신들과 아수라들이 부처님의 말씀을 듣고는
모두 다 크게 기뻐하여 믿고 받아들이며 수행하게 되었습니다.

〈금강반야바라밀경 끝〉

사경 발원문

사경 끝난 날 : 년 월 일

_______________ 두손 모음

如天 無比

1943년 영덕에서 출생하였다.
1958년 출가하여 덕홍사, 불국사, 범어사를 거쳐 1964년 해인사 강원을 졸업하고 동국역경연수원에서 수학하였다.
10여 년 선원생활을 하고 1976년 탄허 스님에게 화엄경을 수학하고 전법, 이후 통도사 강주, 범어사 강주,
은해사 승가대학원장, 대한불교조계종 교육원장, 동국역경원장, 동화사 한문불전승가대학원장 등을 역임하였다.
2018년 5월에는 수행력과 지도력을 갖춘 승랍 40년 이상 되는 스님에게 품서되는 대종사 법계를 받았다.
현재 부산 문수선원 문수경전연구회에서 150여 명의 스님과 300여 명의 재가 신도들에게 화엄경을 강의하고 있다.
또한 다음 카페 '염화실'(http://cafe.daum.net/yumhwasil)을 통해
'모든 사람을 부처님으로 받들어 섬김으로써 이 땅에 평화와 행복을 가져오게 한다.'는 인불사상人佛思想을 펼치고 있다.

저서로
『대방광불화엄경 강설』(전 81권), 『무비 스님의 유마경 강설』(전 3권), 『대방광불화엄경 실마리』, 『무비 스님의 왕복서 강설』,
『무비 스님이 풀어 쓴 김시습의 법성게 선해』, 『법화경 법문』, 『신금강경 강의』, 『직지 강설』(전 2권), 『법화경 강의』(전 2권),
『신심명 강의』, 『임제록 강설』, 『대승찬 강설』, 『당신은 부처님』, 『사람이 부처님이다』, 『이것이 간화선이다』,
『무비 스님과 함께하는 불교공부』, 『무비 스님의 증도가 강의』, 『일곱 번의 작별인사』,
무비 스님이 가려 뽑은 명구 100선 시리즈(전 4권) 등이 있고
편찬하고 번역한 책으로 『화엄경(한글)』(전 10권), 『화엄경(한문)』(전 4권), 『금강경 오가해』 등이 있다.

무비 스님의 금강반야바라밀경 사경

| **초판 1쇄 발행**_ 2019년 6월 3일
| **초판 5쇄 발행**_ 2024년 3월 10일

| **지은이**_ 여천 무비(如天 無比)
| **펴낸이**_ 오세룡
| **편집**_ 박성화 손미숙 윤예지 여수령 허 승 정연주
| **기획**_ 곽은영 최윤정
| **디자인**_ 고혜정 김효선 최지혜
| **홍보 마케팅**_ 정성진
| **펴낸곳**_ 담앤북스
서울특별시 종로구 새문안로3길 23 경희궁의 아침 4단지 805호
대표전화 02)765-1251(영업부) 02)765-1250(편집부) 전자우편 dhamenbooks@naver.com
출판등록 제300-2011-115호
| ISBN 979-11-6201-165-2 03220

정가 10,000원